THE BOOK OF ISAIAH / SAMPLE EDITION

THE HEBREW UNIVERSITY BIBLE PROJECT

THE BOOK OF ISAIAH

SAMPLE EDITION WITH INTRODUCTION

by

M. H. GOSHEN–GOTTSTEIN

JERUSALEM 1965

AT THE MAGNES PRESS, THE HEBREW UNIVERSITY

THE HEBREW UNIVERSITY BIBLE PROJECT

*

Supported by the Edmond James de Rothschild Memorial Group
and by the Lucius N. Littauer Foundation
and assisted by the Ministry of Education and Culture
of the State of Israel
and by Mr. Charles Rosenbloom of Pittsburgh, Pa.

*Distributed in Great Britain, the British Commonwealth
and Europe by the Oxford University Press*

PRINTED IN ISRAEL
AT THE CENTRAL PRESS, JERUSALEM

PUBLISHED ON THE OCCASION OF THE
FOURTH WORLD CONGRESS OF JEWISH STUDIES
JULY 1965

PREFACE

Ten years have passed since M. Goshen-Gottstein first submitted to the members of the Hebrew University's Institute of Jewish Studies a plan for a new edition of the Hebrew Bible, which would present *in toto* the known data concerning the biblical text, its variants and its development. Though it underwent much revision in detail, the plan — the first results of which are presented herewith — remained essentially the same. The most authoritative MS of the Hebrew text which could be obtained was to be edited with its own germane Massora and accompanied by a series of critical apparatuses, exhibiting fully and consistently the textual material classified according to provenience. In this way each reader would be in a position to survey all the facts and to form his own opinion. This being an edition of purely philological character, no suggestions for emendation of the Massoretic Text were embodied in the apparatus. It goes without saying that the enterprise has been conceived in a spirit of research for its own sake; the participation in it of scholars of differing outlook marks our desire to present nothing but facts. To many readers we may appear to have erred on the side of caution and conservativism in determining whether an apparent deviation in one of our sources went back to a variant reading in a Hebrew Bible text. We arrived at this attitude after intensive study of the material, to the best of our understanding, and have frequently come to the conclusion that some variant reading proposed by scholars did not stand up to the stringent tests we applied.

This sample volume marks the conclusion of the first step of our enterprise. Isaiah was the first book we intended to publish. Our work on the text of that book has now been completed, and the results, in the form of many thousands of index-cards, have been recorded and classified by the respective sections of the Project. The survey studies, on which the whole edition rests, are ready. We have gone some way towards developing a method for evaluating the textual bearing of Bible quotations in Rabbinic literature; in particular it was necessary to test how far this vast material could be used at all in the absence of modern critical editions of most works. This was probably the hardest of all our tasks, since the variants to any biblical book cannot be collected without searching the entire Rabbinic literature. A survey has been completed of the Hebrew biblical MSS, and especially of the Geniza Fragments (except, that is, for MSS and fragments kept in USSR libraries), so as to evolve a rationale for their evaluation in connection with our work. We have examined the problem of the Massoretic tradition attributed to Ben-Asher, and in particular the problem of the position of the Aleppo Codex. Another problem re-examined was the development of the Peshitta text and the evaluation of its manuscripts. The Septuagint and the Aramaic Targum exist in excellent scientific editions and their text has been widely studied; but they required re-evaluation in the light of facts that have come to light. We have collected MSS variants for versions not available in satisfactory editions, and in some cases are preparing new editions. In this way we have been able to work out new solutions for many textual and exegetical questions, some of which have been discussed in the volumes of *Textus*, the annual created by our Project for such discussions. This volume thus reflects the present state of our thinking as to the best way of arranging the material, and we offer it to the learned world in the hope of benefiting from criticism and approval alike.

On account of the technical difficulties encountered in setting up Hebrew in a variety of type-faces, and in order to make it easier of access to scholars not accustomed to Modern Hebrew, we have in the present sample volume printed most of the apparatuses in English. It is hoped that by the time the volume containing the whole of Isaiah is available for publication, the technical problems of printing the entire work in Hebrew will have been solved.

At this moment, when we can look back on work done, our thanks go out to all those without whose devoted help our project might well have remained still-born. First and foremost our gratitude is due to the late President of the State, Izḥak Ben-Zvi, who until his last days took a special interest in our Project. He was an active chairman of our Advisory Council, and his house was open to the Editorial Board at any time of need. We owe a great deal to the Presidents of the Hebrew University during that period: without Prof. B. Mazar's encouragement it is doubtful whether the Project could have been organized, and he has constantly given us of his assistance and advice even after he retired from his office. His successor, Mr. E. Elath, has always had the interests of our Project at heart and given time to our problems, in spite of his many commitments. No less deep are our obligations to those who officiated as chairmen of the Institute of Jewish Studies: Prof. G. Scholem organized the initial consultations; Prof. E. E. Urbach devoted much thought and effort to ensure the translation of the idea into practice; Prof. J. H. Schirmann and Prof. Z. Ben-Ḥayyim were always ready to come to the aid of our Project, and Prof. I. Halpern encouraged us to publish the present sample volume. Our gratitude is due to the members of the Advisory Council for their advice and constructive criticism, as well as to scholars in Israel and abroad who showed us much friendship.

We thank the Directorate of the Shrine of the Book (Hekhal Hasefer), who generously helped us in obtaining MS photographs needed for our work, as well as the heads and librarians of the many libraries in Jerusalem and throughout the world who opened their treasures before us and permitted us to carry out research and to publish of the MSS in their possession.

Our gratitude is particularly profound towards the individuals and institutions who supported the Project with much generosity over the years: the Edmond James de Rothschild Memorial Group, the Lucius N. Littauer Foundation, Mr. Charles Rosenbloom of Pittsburgh, Pa., and the Ministry of Education and Culture of the State of Israel.

The work of the Project was carried out by a number of sections under the guidance of the Editors: Prof. M. H. Goshen-Gottstein was responsible for Hebrew MSS and Geniza material, the Septuagint, Peshitta and Aramaic Targum; Dr. S. Talmon for the Judean Scrolls and Rabbinic literature; Prof. C. Rabin for the Arabic version, the Vulgate, and the New Testament. The processing and editing of the material for the Book of Isaiah, including the preparation of the sample volume, were entrusted by the Editors to M. H. Goshen-Gottstein, who bears the sole scholarly responsibility for its contents.

At the stage of preparing the edition much work devolved upon Mr. H. Shirun, who collated and organized the data collected by the diverse sections into the form required for the apparatus of the versions. Mr. I. Yeivin edited and proofread the biblical text and the Massora and prepared the material for the apparatus of spelling and accents. Mr. A. Hurvitz assisted in the preparation of the apparatuses of Hebrew MSS and quotations from the Judean Scrolls. Mr. I. Maori prepared the final selection of material which entered into the apparatus of Rabbinic quotations.

Preface

The editor's work depends for its value on the excellent work of preparation done over the years by those who were engaged in the different sections. Here we can mention only those who formed part of the staff of the Project for a number of years. In the section of Text and Massora Dr. D. S. Loewinger, I. Yeivin, I. Maori; in the section of Hebrew MSS and Geniza fragments I. Ycivin and A. Hurvitz; in Rabbinic literature E. Eliner, for some time section organizer, S. Krojzer, M. Halevi, I. Maori, Z. Zinger; in the Septuagint Dr. D. Weissert and Mrs. S. Ori; in Peshitta and Targum H. Shirun and G. Goldenberg; in the Vulgate and New Testament B. Kedar-Kopfstein; in the Arabic version J. Shunary; in Bibliography M. Elath, Z. Zinger, Miss L. Roth.

The variants in biblical quotations from the Babylonian Talmud were noted for us at our request by the Institute for the Complete Israeli Talmud of Yad HaRav Herzog (Rabbi Herzog World Academy), Jerusalem, from the collection of variant readings which the said Institute has been gathering from MSS, Geniza Fragments and early prints. We herewith express our thanks to the members of the Institute and its director, Rabbi Joshua Huttner.

Last, but not least, thanks to those who helped in the production of the present volume: the publishers, The Magnes Press of the Hebrew University, and its manager, Mr. H. Toren, who guided us with expert advice; Dr. M. Spitzer, whose taste and know-how were of much value in overcoming the difficult problems of lay-out; the Central Press, Jerusalem, who carried out such excellent work, and the compositor, Mr. I. Bakal, who set up the text and the apparatuses.

July 1965

THE EDITORIAL BOARD

INTRODUCTION*

I. THE HISTORY OF THE BIBLE TEXT AS REFLECTED IN THE APPARATUSES

1. The apparatuses in this edition present the different types of sources all of which together reflect the history of the Bible text. The division proposed here is something of a compromise between a meticulous subdivision, which provides a separate apparatus for each source or group of sources, and an omnibus apparatus covering almost two thousand years of Biblical manuscripts and quotations. The separation of the material into four apparatuses seems to be the essential minimum, while still enabling the reader to comprehend the entire documentation in a single glance.

2. The purpose of the apparatuses is to direct the reader's attention to all the documentation at our disposal, so as to enable him to draw his own conclusions. However, the particular character of the Bible text in its various forms does not make it possible to build a relatively simple apparatus, as is customary in an ordinary edition of a classical text. It may be said, without exaggeration, that there is no other text which is documented by such varied types of sources,[1] for each of which specific procedures have to be devised before it can be included in an apparatus. The accepted methods of assembling the witnesses, classifying them and allocating them to their families until the archetype can be tentatively reconstructed — which have been developed mainly for manuscripts that have been copied and come down to us in a single language — take us only part of the way.[2] From the point of view of 'Textology', this edition may be termed a first hesitant attempt to overcome the special problems facing

---

* This introduction also bears the imprint of discussions between my colleagues and myself; but I bear the sole responsibility for what is said and how it is said. The various chapters have almost grown into a summary for an outline introduction to the history of the Bible text and, at least as far as I am concerned, they are connected with my previous writings in this sphere, which are to some extent Prolegomena to this edition and should relieve the present introduction of some details.

References are given not only to the usual scholarly literature but also to the *Ha'aretz* newspaper, in which several subjects have been discussed before their final formulation. Our main publications since 1960 in preparation for this edition are quoted as follows:

TL — *Text and Language in Bible and Qumran* (1960)

BMU — "Biblical Manuscripts in the United States," *Textus* 2 (1962)

RTBT — "The Rise of the Tiberian Bible Text," *Biblical and Other Studies I* (1963)

TPTC — "Theory and Practice of Textual Criticism," *Textus* 3 (1963).

This English version is in part a recasting rather than a verbatim translation, and slightly different formulations may be intentional. It is notoriously difficult to translate one's own writings, and the pressure of time made this task more than arduous. My thanks are due to Mr. M. Louvish and to Prof. C. Rabin for their kind assistance; the mistakes are all mine.

1. Most of the secondary versions, such as the Armenian or the Ethiopian, are not quoted.
2. Cf. *TPTC* 132.

the scholar who seeks to concentrate in the framework of one edition witnesses of such varied types as are met with in the study of the Bible text. After our daily struggle over a number of years with the methodological aspect of our problem, and taking into account over two thousand years of development in the art of textual studies, we are very far from assuming that this attempt of ours will be any more than an inconsiderable step in the history of this discipline.

3. On other occasions[3] I have tried to discuss the difference between the existence of a textual archetype and our ability to feel our way towards such a text. In a fair number of cases, our sources will justify the conclusion that all the documentation points clearly to a single specific word or form. Even then, of course, there is still room for speculation as to what happened to the *Urtext* until it assumed that particular form. The reply to the latter question is beyond the scope of this edition, for all the interest it has for the exegete. In many other cases the facts in our possession do not enable us to reconstruct the original word for certain, and we waver between two 'hyparchetypal' variants which appear to put forward equally valid claims.[4]

4. The system of apparatuses in this edition inevitably reflects the conclusion of previous studies of the Bible text, namely, that the reconstruction of the *Urtext* is not the supreme goal. The practical work on the construction of apparatuses and the crystallization of a theory are interdependent, and anyone who ventures onto the open sea is in danger of drowning in the flood of variants unless he uses a compass, provided this compass has been forged by his efforts.[5] One of the most serious questions with which the editor was faced in editing the material was how to present the various types and groups of variants in a certain order — an order inevitably influenced by his own approach, views and conclusions on the history of the Bible text — and yet to present the material as a whole,[6] so that the reader can ignore these views and rearrange the facts for himself, if he so wishes. In other words, scholars who do not accept any of the assumptions on which the arrangement of the material is founded should be able to approach the existing apparatuses as a collection of raw materials. However, I have already emphasized on another occasion[7] that I do not accept the attitude that the function of an editor of a critical edition is only to print collations. Certain conclusions have forced themselves upon me while studying the sources, and I have not felt constrained to conceal them on account of that over-scrupulousness which is afraid to influence the future users of the edition. On the contrary, the construction of the apparatuses may even contribute, as I hope, to bear out our conclusions on the study of the Bible text.

5. Our view can only be outlined here in the briefest possible way,[8] so as to explain the minimum separation into apparatuses.

The first period of textual transmission ends before the start of all manuscript documentation,[9] and it must remain, for the time being, within the realm of conjecture. It stands to

3. Cf. *TL* xi f., 156 f.; *TPTC* 135 f.
4. It is the data concerning the hyparchetypal types that will finally determine the number of textual currents to be assumed. See below, Notes 15, 24.
5. Everyone is entitled to make himself believe that there is a basis for his theories. Should my ideas on the history of the Bible text be found acceptable to others, it may be because I have attempted to do some spadework in each field myself before trying my hand at building the superstructure.
6. Cf. *TPTC* 135.
7. *TL* xiii f., 199 f.

8. Again (cf. *TL* ix) I must refer to positions which have not yet taken final shape, and which I hope to describe in detail on other occasions.
9. For our present purpose we may ignore the problems of intra-Scriptural quotations and of traditions as they have taken shape in various books (such as the problem of the text of Chronicles). All such questions are, of course, important for the clarification of the points of contact between textual criticism and the various branches of source criticism. See Note 11.

reason that this is the most decisive period from the point of view of textual evolution since the moment the *ipsissima verba* were uttered,[10] but the student of the text can only put forward most cautious speculations about it in the light of its reflection in the textual tradition of the second period (such suggestions will be found occasionally in Apparatus I).[11] Without minimizing the importance of emendations based solely on exegetic intuition, it should be stressed that we have refrained from including any conjecture which cannot be justified in some way by one of our sources.

6. The apparatuses, therefore, start with the evidence from the beginning of the second period — the period of manuscript documentation. According to the state of our knowledge at present, this period begins about 300 BCE, though this limit may probably be pushed back with regard to certain books of the Bible thanks to the discoveries from the Judean desert.[12]

7. The sources are divided into two main groups. We regard this division as so decisive that we have used it as the criterion for dividing the material between the first two apparatuses. On the one hand, we have material that has been handed down to us in translation; on the other hand stand the Hebrew witnesses. It seems hardly necessary to justify this division: as we are dealing with a system of apparatuses centered on the Hebrew text, a reading inferred by retroversion, however plausible, is not the same as a reading in Hebrew, in black and white. The history of the study of the Bible versions has shown that there can never be complete certainty as to any reconstructed variant, and we must take this lesson into account.

8. On the other hand, the versions — and first and foremost the Septuagint — still occupy pride of place. As for their importance, the 'material' variants reconstructed from the versions still outnumber those that have survived in ancient Hebrew sources. This situation is not inevitable. Were we to assume for a moment that many complete Hebrew scrolls of all the books of the Bible from the 4th century BCE had survived in the Judean desert — as it is the case with some chapters of the Bible — our interest in retroversion would lessen considerably and in any case we would be much less dependent on such readings. At present, there has been no choice but to give priority to the Apparatus of the versions, Apparatus I, which is consequently printed immediately below the Hebrew text.

9. In order not to overburden this introduction, I have gone into the methodological problems of that apparatus at some length elsewhere,[13] and the details of the execution are given below, Ch. III. At this point a 'credo' must be mentioned. No decisive proof can be offered, as we do not possess enough material to render our impressions objectively valid. On the one hand, linguistic analysis and the study of the ways of the ancient translations[14] — especially the Septuagint — show that in recent generations there has been much exaggeration in assuming the existence of variants. Closer scrutiny has enabled us to suggest different explanations for these deviations. On the other hand, recent years have taught us that sometimes a reading seemed due to the translator until it emerged in a Hebrew manuscript. It cannot be denied that we now have in our possession fragments of Hebrew Bible manuscripts from the middle of the Second Temple period, which cannot be regarded as belonging to the 'protomassoretic'

10. Cf. also *TL* 159.
11. We are not concerned at the moment with the theoretical aspect of the problems of oral tradition for the study of the text (cf. *RTBT*, Ch. IV.)
12. The controversy between the various schools about the existence of 'recensions', as it had taken shape until the past decade, seems to me today to be largely due to the telescoping of a period of five centuries, starting with the 3rd century BCE, of which we knew practically nothing. It may be assumed that in the discussion that will develop in the coming years, the sides will have to take up new positions and abandon a number of sacred battle posts. See below, Note 15.
13. Mainly in the Introduction to *TPTC*.
14. Cf. *TL* xiv.

type, so much so that they seem to be connected rather with the tradition from which the Septuagint has descended. It appears to me, however, somewhat premature to draw dividing lines and to lay down rules as to the number of traditions and their geographical distribution.[15] Indeed, in the course of time, even the present undertaking may also contribute to the clarification of the picture. But the actual existence of Hebrew traditions different from what was destined to become the Massoretic Text is no longer a mere speculation.

10. This fact must therefore influence us in the evaluation of the ancient versions as well. Yet we do not possess enough material for a definitive conclusion and must thus rely on experience and intuition. I can only suggest that here, too, the basic realisation holds true that each of the Books of the Bible should be studied on its own merits. The history of the Pentateuchal text is not identical with that of Samuel, nor Samuel with Jeremiah, nor Jeremiah with Isaiah,[16] and no argument from mere analogy should be admitted.

11. In our own century, there have been a number of fluctuations in the 'ideology' of textual studies.[17] The Qumran discoveries seemed to many students to lend at the beginning considerable support to the assumptions in favour of the early, or even sole, existence of the 'Massoretic Type'.[18] In recent years, however, the pendulum has tended to swing back in the opposite direction. No one can tell whether we shall ever have sufficient material to clarify beyond any shade of doubt the relation between the Massoretic and the Septuagintal types of the Book of Isaiah. I believe — but this is only a belief — that the apparent differences between the Greek and the Massoretic Hebrew texts will not finally be found to represent variants to a

---

15. This point may well be in the centre of discussion in the next few years, and I hope to develop it at some length at an early opportunity. See Note 12, above. A preliminary summary of the 'Theory of Local Traditions' has been published by Cross in "The History of the Biblical Text in the Light of the Discoveries in the Judean Desert," *HTR* 54 (1964) 281 f. It is encouraging that our views are similar on many questions, and discussions between us — and with my colleagues — may well have contributed to the mutual clarification of views.

I find it, however, particularly difficult to accept that interpretation of the data from the centuries before the Destruction of the Temple which attempts to connect various types of text with the various countries — Palestine, Egypt and Babylon — even if a compromise is reached and Cross finally abandons the term 'recension'. I am afraid of the inevitable association with other 'Theories of Local Recensions' — of whose various forms we have already had more than enough in the history of the study of the Septuagint and the New Testament. Such a 'Local Theory' is easy to adopt and difficult to get rid of, and in order to save it there is no escape from the continual re-interpretation of terms. If I am not mistaken, we are already faced with the beginning of such a process. Anyone who examines the formulation of Albright in *BASOR* 140 (1953) — which was also in the nature of a programmatic re-interpretation of the older 'Theory of Local Recensions,' as developed by the Wellhausen school from certain

indications in the Rabbinic tradition — and compares them with the present formulation of Cross, may well doubt whether there is a basis for a clear distinction. It is in particular the term 'Babylonian' in this context that is in need of considerable clarification, for it may easily take the place of any unknown quantity, starting with the days of the return to Zion and down to the era of Hillel.

I do not ignore the argument in favour of the assumption of 'closed traditions'. But I am not sure that what appear to us to be separate types of tradition, according to the findings of the past decade, were indeed so completely separated that we must assume great geographical distances. For myself, I continue for the moment to prefer descriptive labels and will avoid the adoption of the term 'recension' — especially as most scholars still apply this term to what has been named by it up till now, namely the Massoretic text as opposed to the Septuagint and the Samaritan text. Indeed, just because that three-cornered contrast may be easily re-interpreted, there is some danger of adding confusion.

16. It will be understood that it is not without reason that these books have been mentioned.

17. Cf. *TL* 65 f.; *TPTC* 136 f.

18. Cf. on this subject my remarks on the study of the Bible and the Scrolls in *Tarbiz* 24 (1955) 268 f.; *Talpioth* 7 (1961) 454 f. and *TL* 66. I would regard Orlinsky and Kutscher as the outstanding defenders of this interpretation of the Scroll findings, each in his own way.

greater extent than is mentioned in Apparatus I. But I readily admit today to a slightly greater readiness to assume variant readings than when we started on this Project, both because of the lessons of the past and the prospect of further discoveries. I can only hope that the system followed here — weighing the possibility of a variant against the linguistic-exegetic interpretations — will at least be sufficient to draw the attention of the student to most of the problems and enable him to decide on what he thinks are the facts.[19]

12. Hence the difference in principle between the structure of Apparatus I, the apparatus of retroversions,[20] and all the others. With regard to other apparatuses there would also be considerable room for pointing out the dynamics of textual development, and the reasons often resemble those indicated in Apparatus I. The difference is between facts and their interpretation: it is not the task of an apparatus to explain readings but to record facts, and the possible alternative explanation offered in Apparatus I is part and parcel of the attempt to establish the facts. I have tried to include every suggestion that appeared reasonable and worthy of consideration,[21] but I have not been too scrupulous to hint at the solution which appears soundest to me.[22]

13. There is, however, another aspect to the 'credo' — again the result of our examination of the findings as a whole — in connection with our division of the material into apparatuses. Were our knowledge today more firmly founded, we might have to divide each of the first two apparatuses into two: on the one hand witnesses from the period before the Destruction of the Temple, on the other hand those from *ca.* 100 CE onward. This is not the place to describe in detail how the 'Massoretic Type' became so dominant in the period of the Destruction of the Temple that the history of the Bible text from that time onward differs basically from that of previous periods.[23] There is certainly room for differences of opinion in regard to the nature and significance of the changes in the centuries prior to the Destruction, and we are not yet able to judge finally between the theory of the 'Central Current' and the theory of the 'Local Recensions' — if the two theories should, indeed, turn out to be incompatible.[24] In any case, the period of the Destruction of the Temple — that is, the last third of the lst century CE and the first third of the 2nd century — is the main dividing line in the textual history as far as it can be recovered in the apparatuses.[25]

19. Upon examining the introductions to *TL* and to *TPTC* it will become clear that I am particularly concerned with the problem of 'subjectivity' — as the present introduction also shows. The method of notation used in Apparatus I is the result of the considerations discussed in *TPTC*, but the practical execution has necessitated certain changes which will be mentioned in Chapter III below.
20. The few quotations from the New Testament have also been incorporated in this apparatus.
21. It is the editor's privilege not to give a new lease on life to every absurd proposal that has been made during centuries of research, notwithstanding the possibility that once in a while it is the absurd that turns out to be correct.
22. For details, see § 42.
23. This is one of the subjects which as yet has only been discussed in the lecture hall. Some of the points are hinted at in "Qumran, Massada and the Bible Text," *Ha'aretz*, January 8 and 15, 1965.
24. See above, Note 15, and the statements by Cross referred to. It is true that the term 'Vulgar Texts' has been often used somewhat loosely, and care should be exercised. Nevertheless, I wonder whether the recognition of 'Textual Types' does away with the assumption of 'Vulgar Texts.' In our opinion, a theory of textual crystallization should take into account that for the Tannaitic *derasha* we must assume a more or less fixed text, which was part of a broader 'Textual Type' (which also included 'Vulgar Texts'), perhaps even in the generations before Hillel. I hope to develop this point together with the problems mentioned in Note 15.
25. The problem of a possible connection between a textual type and a trend in Judaism at the period concerned is discussed in the article mentioned in Note 23. The term 'Period of the Destruction of the Temple' is also defined there for the purpose of this discussion. I see that my assumption as to time limits is practically identical with that of Cross, *HTR*, 1964, 287–290. There is still room for minor changes in this respect, especially as, in my view, one aspect has been neglected in recent

14.   Although from that line onward the type of tradition I have termed 'Massoretic Type'[26] is almost completely dominant, there is not yet a final uniformity of tradition. Even without entering into the complex problem of the internal evolution of the versions and their tradition on the one hand, and their documentation in manuscripts on the other—and similar problems exist with regard to the traditions of Rabbinic literature — the division of each apparatus into two, according to the said dividing line in the history of the Bible text, would create more problems than it would solve. The apparatuses make us aware of this line, but we are unable to carry out a clean 'bi-partition'. From both the theoretical and the practical points of view it seems preferable that the retroverted readings from all the versions should be assembled in a single apparatus, while all the Hebrew material which does not come from Hebrew Bible manuscripts of the 'Massoretic' period should be included together in the second apparatus; but the dividing line still remains. It is hoped that this arrangement will enable students to achieve a more comprehensive view and help them to make their own decisions on the problems briefly hinted at here.

15.   It has already been mentioned (above § 2) that the questions of method confronting the editor of this edition are not quite like those confronting an editor who is engaged mainly in the arrangement of collations from manuscripts that have developed within one and the same language. I have described elsewhere[27] something of the conflict of conscience with regard to editorial 'objectivity'. Whatever we do we are wrong: whether we burden the apparatus by recording without discrimination each apparent deviation in a version or a Midrash manuscript, or whether we use our own judgment as to what are 'all the facts' that belong in the apparatus.[28] The present writer can only testify that he has tried to discover the golden mean. There is no escape from weighing and judging in regard to what has come down in a language other than Hebrew as well as in regard to what is to be found in some manuscript of a Midrash. As the Rabbinic material — in contrast to the versions — is not readily available to every student, we have decided to quote too much rather than too little; even so our judgment may be wrong. Even in regard to those sources which we collated almost fully[29] we may have erred; but those sources are more easily available and can be rechecked.

16.   I was compelled to rely on the results of my own studies even more in regard to Apparatus III. The alternative would have been to copy all the main collections of manuscript collations which have been published so far — and even to add to them. There is some comfort in the thought that if my selection is wrong, the raw material, at least, is available and anyone who so desires may start afresh from those collections and arrive at his own conclusions. In Chapter 5 below I have referred to some of my conclusions on this subject which have influenced the method according to which Apparatus III is constructed. It will unfortunately take some time until I am able to set out in detail the results of our study of many thousands of Hebrew manuscripts and Geniza fragments.[30]

---

years because of the large amount of new material. I hope I shall not be accused of riding my hobby horse if I say that the problem of the text of the Peshitta— and perhaps of other Aramaic versions — must be integrated into a general theory of the development of the Bible text. It was in the first century of our era that the 'Massoretic Type' became fully dominant; but some flexibility is still advisable in regard to the details.

26. In contrast to other types, i.e. Cross's 'recensions' — and all these are, of course, prior to the period of the 'Massoretic Text' in its more limited sense.

See below Note 31.

27. Cf. *TL* xiii and *TPTC* 135.

28. Because of the problem of achieving 'objectivity' (see above, Note 19), the 'subjective' aspect of our decisions may have been overemphasized. Every detail which we came across was repeatedly discussed with members of the team, and the final selection is by no means arbitrary.

29. See below, §§ 59, 79 f.

30. A first summary was given in *Biblica* 35 (1954) = *TL* 51 f. Cf. *BMU*.

I. The History of the Bible Text as Reflected in the Apparatuses

17.   For the moment I would only remark that an analysis of the readings in the Bible manuscripts copied from the beginning of the Massoretic period onwards[31] reveals, almost exclusively, changes wrought by the 'law of scribes' — i.e. those which are always liable to be created afresh by analogy or linguistic factors.[32] This exclusiveness is, of course, the characteristic of readings in manuscripts from the 'Massoretic Period'. It may be said that Apparatus III contains practically only 'analogistic' and 'linguistic' readings, whereas the first two apparatuses also contain variations of other types (which are naturally much more interesting to the student of the Bible). This basic difference in types of variants puts the Bible manuscripts from about 800 CE onwards in a category of their own, and it need hardly be said that in view of the historical development which called forth the activity of the Massoretes[33] this is not surprising. These facts are enough to make it necessary to devote a special apparatus to the readings contained in these manuscripts, even without the practical consideration arising out of the large number of manuscripts from this period. This conclusion in regard to the character of the variants also compels us to be cautious in assuming stemmatic relations and prevents us from confidently applying the accepted procedures of establishing textual families. At most, it may be said that there is no certainty that there are no genetic ties, but both the history of the Massoretic manuscripts and the limitations in types of readings call for the utmost caution in assuming such ties before they are irrefutably proved.[34] On the other hand, we are certainly not entitled to include in the first two apparatuses a reading based on the selfsame linguistic or associative influences without adducing the parallel reading from the later sources. For even if no genetic connection is involved, there is certainly a lesson in store as to the evolution of the Bible text.[35] The allocation of the material of these Hebrew manuscripts to a separate apparatus, therefore, does not need much justification.

18.   But there still remains a weak link in the chain of this theory. We cannot ignore what has already been pointed out years ago[36] — and this impression has been confirmed after much further study and tabulation: among hundreds of manuscripts whose variants have been recorded since the days of Kennicott, only a few — numerable on the fingers of one hand — stand out whose variants appear to contain exceptions to the limitation referred to. In the language of our picture: the Massoretic Type appears to us to be a main current in the centuries before the period of the Destruction, but there are rivulets flowing side by side with it — and investigations have already shown that it is sometimes in them that the pure water flows. This becomes the central current and gathers greater strength in the first century, and from the period of the Destruction the rivulets that flow by its side are almost dried up — though they are not completely dry, as is shown by the later Rabbinic literature — but a thin trickle continues even until that period in which the accurate recording of the traditions of liturgic recitation[37] also brought about a final — or practically final — smoothing-out of the remaining textual inconsistencies. Were it not for these few manuscripts[38] we might have been able to cast off entirely the burden of the readings in the Hebrew Bible manuscripts from the Massoretic period, or at any rate we might have ignored them for the purpose of reconstructing the text. However, the fact that a few manuscripts, outwardly 'Massoretic', seem to contain readings inexplicable as linguistic simplifications or analogical changes, still

31. In view of the problem of the types of codices (*BMU*, Ch. II) and the types of tradition (*RTBT*, Ch. VI), I refrain from using the term 'Massoretic Manuscripts'. Cf. below § 74.
32. Cf. *Tarbiz* 24 (1955), 273; *TL* 45 f.
33. Cf. *RTBT* 25 f.
34. Chapter II of *TL* is meant to teach a lesson in re

gard to the problems of 'pseudo-stemmatics.'
35. By invoking 'laws of scribes' and 'linguistic dynamics' it is possible to explain too much. Cf. *TL* xiii, *TPTC* 130 f.
36. Cf. *TL* 56.
37. Cf. *RTBT, ibid.*
38. Cf. in detail, § 81 below.

makes it necessary to devote further study to the question of textual development in those centuries. Considerable effort has therefore been devoted to devising a system of adducing variants from manuscripts of Massoretic times without drowning the reader in the flood of readings assembled since the days of Kennicott. At the same time, these variants are never more than supporting evidence, and what I have said elsewhere against the undiscriminating use of Hebrew manuscripts[39] remains as valid as ever.

19.   The problem of editorial 'objectivity' — as against the editor's building upon the results of his earlier inquiries — also faces us in connection with the basic text and Apparatus IV, the apparatus of orthography and accents. First of all it should be emphasized that, in the light of the state of our knowledge today, the manuscript chosen is the most suitable to serve as a basic text, whatever our views as to its author. I am not afraid to assert my belief that the various types of proofs I have tried to adduce in the course of the years are sufficient to show that the Aleppo Codex is, indeed, the manuscript on which Maimonides relied, and that it is correctly ascribed to Aaron Ben-Asher. Some details may stand in need of rectification; the identification as such seems to me beyond doubt.[40]

20.   However, let us assume for the sake of argument that none of the proofs are valid. If so, all we have before us is 'only' the oldest codex of the whole Bible in our possession and the one most faithful to the Massora of Aaron Ben-Asher. There still is no other codex more suitable to serve as the basic text. On this central question no other decision seems possible.

21.   The details concerning Apparatus IV — which is printed on the left of the text — are discussed in Chapter VI. Here it need only be pointed out that in the nature of things most of the cross-references to it come from Apparatus III, and only in a few cases from other apparatuses (cf. § 23 below).

22.   The apparatuses as a whole, therefore, present the history of the Bible text, according to types and periods, during almost 2000 years — from the most ancient fragments found in the Judean Desert and from the Septuagint down to the *Biblia Rabbinica* of Jacob Ben-Ḥayyim, which became the prototype of subsequent prints. Each apparatus, however, is constructed as a self-contained unit, and those interested in a particular type of evidence will find it in its special place. Students concerned with the reconstruction of an *Urtext* will resort mainly to Apparatus I, and it is to be hoped that its structure will warn the student against drawing hasty conclusions in regard to variants. Experience has shown that anyone who wishes to prefer a non-Massoretic reading will in practice always have to rely on Apparatus I, and will very seldom be able to base himself on the testimony of Apparatus II only. On the other hand, the readings from the Rabbinic literature require particularly cautious evaluation, and anyone who is not familiar with the special problems of the tradition of this literature would do well if, for the time being, he uses it only as supporting evidence.

23.   Where two or more apparatuses present (apparently) identical or similar evidence, they have been connected by unidirectional cross-references indicated by arrows ↓, i.e. from Apparatus I to the subsequent ones and similarly from Apparatus II and so forth. Such a reference, as stated, is not in itself an indication of a genetic connection, just as the reading of an ancient version does not automatically acquire greater validity if there is also a parallel

---

39. Cf. *TL* x f.
40. The need to complete the present volume in time prevented us from replying immediately to some queries raised by Dotan a few months ago (*Tar-* *biz* 34 (1965) 136 f.). There is nothing in his remarks that calls for changes in our conclusions, and I shall deal with them as soon as I can.

in a Massoretic Hebrew manuscript.[41] Of course, if all the sources offer the same testimony, the value of the evidence is greater, but there is no absolute rule that will exempt us from weighing the evidence in each case. Under which conditions the combination of witnesses is important and in which cases two are no stronger evidence than one — that is a matter for experience in interpretation, which every teacher will impart to his students.[42]

24.   A few words about general technical arrangements should be added: it is hoped that after many attempts we have succeeded in preventing seriously troublesome similarities between the abbreviations and symbols in the various apparatuses. Most of them have been chosen in such a way that there is a clear connection between the symbol and its meaning, but this meaning is generally very specific in respect of each apparatus, and the reader should not be content with a common dictionary sense. A detailed explanation is given in connection with the various apparatuses. Since most verbal abbreviations occur in Apparatus I, the full list is given in the introduction to that apparatus. The sources quoted are detailed in the introductions to each of the apparatuses and in the Appendix.

25.   We have attempted to construct the apparatuses in such a way that by perusing them the reader should be made aware of each word in regard to which there is a reasonable assumption that a variant may exist — in accordance with the principles laid down for the quotation of each source. However, this does not mean that every single detail of the various types of collections was to be copied here. On the contrary: considerable effort has been devoted to the task of digesting everything that is to be found in the collections of readings that are in our possession, whether published by others or collected specially for our project.[43] The material has deliberately been presented in such a way, at least in regard to the versions, that the reader should feel the need to have recourse to the sources themselves before deciding. We have tried to evade that type of spoonfeeding which might induce the student to rest content with the information offered in this edition.[44]

26.   We have mentioned elsewhere[45] the question of the companion volume that should serve as a commentary on our edition. Particularly in connection with Apparatus I, there has been a long and complicated weighing of pros and cons before the conclusion could be hinted at in a few words — which is, as indicated (above § 12), part of the fact-finding process. The student is still far from aware of all the facts that have led to our conclusion. What has finally entered the apparatuses is only a small part of the material that accumulated in our hands when we were trying to understand each source, and a comprehensive philological commentary remains a desideratum of the first importance.

---

41. Cf. *TL* 56. In general, it is quite possible — as in the case of 51_{23} מוּגִיךְ — that a certain reading appears doubtful according to the criteria of Apparatus I, while we find it in black and white in another apparatus. The converse, of course, is also possible: a certain *midrash* may be regarded as a possible comment in the framework of Apparatus I, but not as suggesting a reading for the purpose of Apparatus II (cf. e.g., 5_{17}). Cf. also below Chapter IV, Note 22.

42. I may perhaps be permitted to mention my habit of citing as a parallel the problems with which we are faced when we examine the synchronic aspect of a linguistic phenomenon on the one hand and its diachronic aspect on the other. To start with, we must keep them strictly apart, but once we

have finished our analyses, we are at liberty to reconsider them. Cf. my remarks in "Semitic Morphological Structures I" § 5 b, *Studies ...in Honour of H. J. Polotsky*, (1964).

43. For editions, collections, etc. see below, § 51.

44. Obviously this way of presentation should not be carried so far as to defy the very aims of our edition. But our edition is not intended to present everything in detail on a silver platter, and the reader is required to go into the subject more deeply himself in order to understand what has been hinted at in the apparatus. I have given some examples of this in a paper about to be published in *Ariel* 11 (*A review of the Arts and Sciences in Israel*), Summer 1965.

45. Cf. recently, *TPTC* 138.

27. In the chapters printed here we have had to be content with the briefest notes, which have been limited to the most essential minimum. These notes have been printed at the bottom of the page with consecutive numerals referring to the Massoras and the apparatuses, running from the top of the page to the bottom. With a few exceptions, in which it was necessary to refer to a detailed treatment elsewhere, neither literature nor authors are mentioned. We did not regard it as our function to record the history of suggested emendations, and naturally our own proposals have remained unnamed.

28. The following chapters of the Introduction will set out in detail our methods in regard to the basic text, the Massora and the apparatuses. Although these chapters deal mainly with the technical aspects, the discussion will also touch upon certain theoretical problems of the Bible text and its history.

II. THE BASIC TEXT AND THE MASSORA

29. The text printed in this edition is an exact reproduction of the Aleppo Codex. This text is printed together with its *massora magna* and *massora parva*. This is, thus, the first time, as far as we know, that a manuscript is printed together with both its Massoras, as laid down by its Massorete.

30. The status and identity of the manuscript have been discussed at length elsewhere, and the discussion may go on.[1] If my views are borne out, this is the most 'authoritative' manuscript of the Bible produced by Aaron Ben-Asher and it is this manuscript that was approved by Maimonides.[2] If my proofs are not finally accepted, it is 'only' the most ancient codex of the whole Bible according to that Massora, and the one most faithful to the system of R. Aaron which has survived until our day; i.e., it is the most important witness in our possession of that type of Massoretic tradition which has become dominant throughout Jewry. In this case it must be regarded as the best 'substitute' for Aaron's manuscript which we shall ever be able to obtain. For one thing is clear: if all the evidence assembled in regard to the manuscript which has been sanctified by tradition as the manuscript of Aaron is not convincing enough, it is hardly conceivable that any other manuscript will ever be discovered in regard to which any more can be proved. In any case, we do not have — and in my opinion we never shall have — any other manuscript more deserving to serve as the basis for an edition of the Bible according to the Tiberian *textus receptus*, and much labour has therefore been invested in preparing it for the press.

31. In printing the text we have deviated from what is to be found in the manuscript itself in the following details.

a) The text has been printed in lines all along the width of the page, and not in three columns as usual in the manuscript.

b) Within the framework of the general layout of the page, we have not felt it possible to

---

1. *TL* 1 f.; *BMU* Ch. V; *RTBT*; *Tarbiz* 33, 149 f. — and see Ch. I, Note 40.
2. Cf. above § 19 f. The assumption expressed in *RTBT* § 15, that it is rather probable that R. Aaron b. Asher did not vocalize and provide the Massora for any further codex of the whole Bible, is still valid.

indicate the distinction between the open and closed sections by imitating the spacing devices customary in ancient manuscripts.[3] It is by now an accepted custom to indicate an open section by the letter *pe* and a closed one by *samech*. In order not to mislead the reader into thinking that those letters are mentioned in the manuscript itself, the letters have been printed in brackets: [פ] and [ס].[4]

c) The investigation of the *rafe*-strokes has not revealed any principle, and we have not felt it necessary to complicate the printing by adding those strokes over the letters.

d) It is fairly common in our manuscript that at the end of a verse the scribe has not written the double stop (:), and has been content with the marking of the *silluq*. Since the absence of any punctuation is liable to be confusing for the modern reader, we have added in such cases a single raised point ('). The meaning of this sign is, therefore, that we are adding the punctuation mark — of course only to correspond with the *silluq* in the manuscript.

e) Our investigations have shown that no importance whatever is to be ascribed to the place where the scribe has written the sign of the *gaʿya* — whether to the right of the vowel or to the left.[5] Since the place is immaterial, we have not found it necessary to add to the difficulties of type-setting by imitating the manuscript in this respect. Every *gaʿya* is therefore printed to the left of the vowel, and if written in the manuscript to the right, that fact is indicated in Apparatus IV.

f) Among the tens of thousands of graphic units[6] that went into writing the text of the whole of Isaiah, there are a few dozen[7] where the scribe or the Massorete has made an obvious mistake, which cannot be imagined to have been deliberate. According to the type of error, we have sometimes remarked upon it in the notes, while sometimes it has been corrected in the text and the correction noted in the Apparatus. It should be emphasized that all this affects only signs for accents, *dagesh*-points, Massoretic circlets and the like, and only readers versed in Massoretic *minutiae* will notice these.

32. The text printed here reproduces the Codex as it appears to the eye. The question of erasures and corrections in the manuscript will be dealt with in an apparatus which will accompany the planned reproduction of the entire manuscript. In the present edition, erasures and corrections have been noted only where some textual importance may be assumed, as in the obliteration or addition of a letter, the correction of vowels or accents etc.

33. The vertical marginal notation of the *massora parva* fits in well with the writing of the text in narrow columns. Attempts to imitate this arrangement in our layout have not been successful, especially because of the length of the lines of the basic text. This Massora is therefore printed horizontally, as indicated by Massoretic circlets. In the case of numerous Massoretic annotations on one line of text, the *massora parva* is arranged in two lines of *petit* for each line of the text. The *massora magna* is set at the top of the page, with a circlet as a divider, according to the system of the manuscript.

3. Cf. the discussion in *TL* 39 f. In an edition in which the layout of the page is determined by the text alone, it is certainly desirable to imitate the system of the codex in distinguishing between the sections.

4. There is still room for research into the system of division between closed and open sections, and we have made no progress beyond what was known at the beginning of this century (cf. Finfer, *Massoreth ha-Torah weha-nevi'im*, Vilna, 1906). For the present, we can only note the fact that the manuscripts that are close to the Aleppo Codex in their accentuation and Massora are not close to it as regards the division into sections;

hence there was no point in recording in Apparatus IV the variations in regard to the sections. It stands to reason that Maimonides knew what he was doing when he decided to rely on the authority of one specific manuscript. Cf. also *RTBT*, Ch. IX.

5. The question of the *gaʿya* is discussed at length in a study by Mr. I. Yeivin, which is due to be published in our monograph series. Cf. Textus, 1:211.

6. This refers to the sum-total of all the graphic units, including signs for vowels and accents.

7. In the chapters published here there is such a case in 11_2.

III. APPARATUS I: THE VERSIONS[1]

34. The Apparatus of retroversions from the ancient versions presents the most difficult problems in method; but it is first and foremost to it that scholars must have recourse if their main interest is to assemble material for reconstructing the Bible text. For the purpose of recording the material, the received Hebrew text (𝔥) has been taken as the basis, and whatever differs in the various sources has been noted as a deviation from this basis.[2] It follows that no testimony confirming the received text has been recorded, even where such confirmation was of great interest.[3] On the other hand, the Apparatus does not follow up the further development of variants within each version, and such changes are mentioned only to the extent that they may be of some interest for the development of the Hebrew text itself.[4]

35. This Apparatus includes all the *primary* versions, namely, those that have been translated directly from the Hebrew.[5] The symbols for these versions refer to the languages concerned (with the exception of the Aramaic Targum, for which the customary symbol has been kept):

The Arabic translation of R. Saadia Gaon — 𝔄
The Greek Septuagint — 𝔊
The Latin Vulgate of Jerome — 𝔏
The Syriac Peshitta — 𝔖
The Aramaic Targum Jonathan — 𝔗
The Hebrew Massoretic Text — 𝔥

For details of these sources, as well as some secondary versions, see below § 51.

36. The apparent differences between a version and 𝔥 may be classified into three main classes:

a) 'Recurrent' changes, mostly due to differences of grammatical and syntactical structure, simplification of expression, contextual adjustment, etc.[6] Although there obviously were

1. The general technical comments are common to all apparatuses. Much attention has been devoted to the task of ensuring uniformity and preventing clashes between the various symbols. If the instructions for writing the apparatus have not been always carried out to the last detail it is, we trust, a matter of form and not of content.
2. The organization of the material in these apparatuses inevitably creates some prejudice, at least a visual one. Obviously, many notations may be interpreted in two ways: it might be said that a word is missing in one source, or else that it has been added in another. It is only in connection with certain 'material' variants that we have expressly pointed out that the position may, of course, be described otherwise than from the point of view of 𝔥 (e.g. 2_6 in regard to the reading יעקב).
3. Occasionally, a hint has been 'slipped' into the notes. To make the picture complete it would have been desirable to include the testimony of all the witnesses in each case, even if identical with 𝔥. This would have obviated the need to deduce *ex silentio*. Our attempts in this direction have shown that such a construction of the apparatus would lead to a considerable inflation, and we had to abandon them.
4. In such cases we speak of inner-𝔊 and so forth.
5. In this case we ignore the question of secondary influences on these versions from other versions.
6. Elsewhere, we have emphasized the importance we attach to the analysis of the linguistic character of the versions — which are the target languages of our study — and the card-indexing of data on their linguistic structure, both for their own sake and also as a counterweight to unproven assumptions about variants. We hope, at some future opportunity, to publish an outline of the 'index of phenomena', according to which we are working (Cf. *TL* xiv; *TPTC* 135). I am not unaware that this approach may be regarded as exaggerated and due to the personal equation of one who regards himself as first and foremost a Semitic Philologist, who looks back with some nostalgia to the

changes of that nature, there can be no certainty that in a specific case the version does not testify to a variant reading different from the Hebrew text before us. Quantitatively, these differences by far exceed all other readings, for it may be shown that in many places where there was a linguistic or contextual difficulty, different versions chose different ways of solution. Detailed cataloguing of all such differences would drown the Apparatus in a flood of 'technical' variants, so that the 'material' variants would be lost to sight,[7] with little countervailing advantage. Such differences are referred to by symbols of the type 'pers', 'num', 'temp', and scholars interested in a detailed study of these problems will have to turn to each of the sources.[8] The symbols for this class are given below § 54.

37. It should be stressed that in this edition we have acted according to our opinion, expressed elsewhere, that there is no need to record in full every addition or omission of a copulative *waw*.[9] Additions of a *waw* have been recorded selectively only, especially where the documentation is particularly strong. On the other hand, omissions have been recorded (bearing in mind the character of each source).[10] It should be noted that variations in the use of *waw* have been fully recorded for the Dead Sea Scrolls in Apparatus II and for the selected manuscripts in Apparatus III (cf. below §§ 59, 80 f.). Since Apparatus I is in any case selective with regard to this point, the fact that another apparatus records a variant with regard to the use of *waw* was occasionally taken to lend additional weight, and sometimes tipped the scales in favour of recording the variation in Apparatus I as well. But, again, anyone who wishes to examine the question of the use of *waw* should not rely on our edition.[11]

38. b) Differences between 𝔐 and a version that may be understood as reflecting 'material' variants, i.e. additions or omissions in the text, or differences in words or phrases beyond the limits mentioned in the previous section. These differences are the main subject of the apparatus, and the system of playing down the 'mechanical' readings may help to bring out the 'material' ones more prominently. According to the system of recording adopted for the present[12] we are somewhat less inhibited in suggesting the possibility of a variant than we would have been otherwise. This system is, in short, that we suggest the possibility of a variant on the one hand and add our comment on the other. This comment (cf. § 12) is not

days when there was an intimate connection between Semitics and Biblical Philology, and who hopes that this Project itself may in some small measure help to point the way to a renewed symbiosis. Cf. the remarks *TL* 48; 156 f., 161 and also "Translations and Translators in the Middle Ages IV," *Tarbiz* 30 (1961), 386 f.; "Structure Analysis in Medieval Arabic Linguistic Theory," *Preprints — 9th International Congress of Linguists* 1962, 365 f. The control of apparent variants by linguistic criteria is, in my view, an indispensable condition for the deepening of our understanding, and I could only wish we were nearer to achieving this goal.

7. On this principle in regard to the structure, also as regards an apparatus for textual traditions in one language only, cf. *TL* xiii; 169 f.
8. Over and above what has been said here, and leaving aside considerations of convenience in description, this method of notation is likely to be more accurate. For instance: if we had noted 2_{11} for the lemma שפל] a verbatim retroversion from 𝔊, it would, no doubt, have been different from the Hebrew text in Apparatus II (תשפלנה) and, for all we know, we would mislead the reader.
9. Cf. *TL* 59, 174; *TPTC* 135. So as not to spell out a doubtful *waw*, the apparatus sometimes refers to 'and'.
10. For instance, 𝔖 is in the habit of adding *waws* almost consistently, and this addition belongs to its linguistic structure; therefore it is generally not recorded. On the other hand, the omission of a *waw* may well be of textual significance. At the same time we have not ignored the dictum of our Sages on the *waw*: "Sometimes the whole meaning rests on it" (*Kalla Rabbati*, VIII). On this question, in regard to Rabbinic texts, cf. J. N. Epstein, *Introduction to the Text of the Mishna* (Hebrew), 1050 f.
11. In regard to the definite article, too, there are difficulties in the interpretation of the data in the versions. Our recording should be regarded as selective on this point as well.
12. The details of our reasoning are given in the introduction to *TPTC*.

a commentary but rather part of the fact-finding process, and very often goes as far as to deny the variant character assumed by retroversion. It has thus been possible for a considerable number of possible variants to be mentioned in this edition, both those already proposed by others and those mentioned here for the first time as suggested by the editor, his colleagues or their assistants.[13] In general, it may be said that we have taken into account only suggestions that do not require too complicated assumptions of textual development. The editor has assumed the privilege of judging and discarding proposals, and further discoveries may show that he has erred in his decisions.[14] Almost every assumption of a variant by means of retroversion is a matter of doubt, and only in relatively few cases did we indicate that we think such an assumed variant to be almost certain.[15] Even in these cases, however, the certainty applies to the mere existence of the variant, and not to its preferability to the Massoretic Text.[16] Even when we assume that the version reflects a different reading, it is often doubtful whether this was, indeed, the reading of the *Vorlage*, or whether, perhaps, the difference is due to a mistake in reading or hearing. It is taken for granted that the various possibilities are always borne in mind and we did not indicate in each instance the type of deviation assumed.

39. c) Differences between 𝔥 and a version from which no variants may be inferred. This may be either because the difference between 𝔥 and the version is so great that it is impossible to suggest any reading which may connect the two,[17] or because the exegetical nature of the change is obvious beyond doubt. This class includes mainly the differences peculiar to the Aramaic Targum and, to a smaller extent, to the Septuagint. Since we have not regarded it as our function to catalogue all the differences between 𝔥 and the versions, or to compose a comprehensive commentary on the versions, but to construct an apparatus around the Hebrew text, obviously exegetical changes had to be excluded.[18] On the other hand, we have not refrained from recording what may reflect a reading only because we are unable to suggest a suitable retroversion into Hebrew. In cases of doubt, we have decided in favour of including the material in the Apparatus.

13. It is worth emphasizing (see § 27) that we have not tried to investigate priority rights and consequently we must not claim the credit for any interpretation. In the few cases where the literature is referred to in the notes, this is done only to make more detailed treatment in our edition unnecessary.
14. We have not mentioned with each suggestion the types of phenomena which might explain the change of text. The various processes and ways of explanation — similarity of sound and form (including letters in ancient Hebrew script), ligatures, *scriptio continua*, enclitic *mem* etc. etc. — are taken for granted. On the other hand, we are very hesitant in assuming abbreviations and transcriptions. Experience has taught us that too facile a use of such assumptions may be doubtful method, as with a little dexterity anything can thus be proved. For these reasons, for instance, we assume transcription as a basis for a reading only in regard to difficult and rare words, for which such an assumption is not too unlikely.
15. By their very nature, all retroversions are speculative, and therefore there is no need to add asterisks. It hardly needs saying that speculations extend from the almost certain to the almost impossible.
16. The decision as to the preferability of the variant remains in the hands of the reader, although the phrasing of the editor sometimes indicates his own view. Cf. *TL* xiii, 199; *TPTC* 137.
17. Where there is almost no resemblance between what is written in 𝔥 and what is found in the version, we have generally refrained from retroversion even in regard to the one word, in a larger context, which might be suspected to represent a variant. For example: For 51_{14} ימות one might be tempted to suggest יעמד as a retroversion from 𝔊. But the whole verse is quite dissimilar to 𝔥 and therefore such a reading has not been suggested.
18. It is to be hoped that a discussion of the changes which have been recognized to be purely exegetical — and therefore have not been introduced in the apparatus — will be published in the planned companion volume (cf. § 26).

III. The Versions

40.   As mentioned,[19] the 'dual' notation in the Apparatus of the versions is purely a matter of presenting the material to the reader in all its aspects, and the 'comment' is part of the fact-finding process. The material has been recorded according to the following principles: a) Most of the notations after lemmata[20] are divided into two, separated by parallel lines: ‖. On the left come the reference to the versions and suggestions for retroversion; on the right we adduce explanations and considerations against the assumed retroversion, including references to other verses which may have influenced the exegesis of the ancient translator. In those cases where we judge the reading of the version truly to represent a variant in the *Vorlage*, a horizontal bar follows to the right of the parallels (‖—).[21] This system of dual notation is applied wherever the possibility of a 'material' or 'contents' variant is suggested.

41.   b) On the other hand, notations by means of recurrent symbols, like 'om', or differences of a grammatical nature, are regarded as self-explanatory — especially those marked 'pers' etc. The question whether such differences do or do not represent variants is not asked in each case and, as a rule, no discussion is offered. In certain cases, however, even these differences are dealt with according to the principles laid down under a) above.

42.   c) Suggested retroversions have been mentioned in order of probability, according to the editor's judgment[22] in the light of all the comparative evidence. It goes without saying that every reader may ignore the order and the judgment. An almost certain retroversion is recorded, as stated above, without any counter-suggestion. Where there is a considerable measure of certainty — even though we offer some counter-suggestion to the right of the parallels — an arrow (←) is inserted between the quotation from the version and the retroversion; in cases of lesser probability there is no arrow, or even a question mark may be added. Sometimes suggestions for retroversion[23] have been added to the right of the parallels — together with qualifiers like 'perhaps', 'hardly', etc. — and each reader will judge for himself. In certain cases we decided to indicate that in our view there is almost no basis for the suggested variant, and nothing has been recorded to the left of the parallel lines. In other words the lemma quote is immediately followed by the parallels, followed by a 'comment' on the deviating text of the version. A retroverted variant thus mentioned to the right of the parallels is deemed to be without basis, in the editor's view. In general there are numerous references to our findings from the 'index of phenomena', and there are recurrent abbreviations which ought to be self-explanatory, like theol, struct. To the right of the parallels, material from Rabbinic literature may be used too, if not quoted in its own right in Apparatus II. The principles of quoting such material are set out below (cf. Ch. IV, n. 22).

43.   The material from the versions for each verse is quoted according to the Hebrew word order. Every lemma which does not stand at the beginning of the verse is separated from the previous one by the marker ‖. The lemma is separated from the quote by a square bracket, e.g. ‖ ויסקלהו]. Verse numbers are indicated by bold Arabic numerals,[24] which refer to the division of the verses in the basic text of the edition.[25] Quotations referring to two or more

---

19. Cf. above § 12.
20. In the Hebrew דה״מ stands for 'lemma' (abbreviated 'lem'), i.e. each entry in the apparatus.
21. This notation emphasizes our view that in this case a variant should, indeed, be assumed. Cf. *TPTC* 136. Where we have no alternative proposal to offer — although, in our opinion, there must exist some other explanation of the reading— a question-mark has been added.
22. Experience has shown that preparing separate **apparatuses**, for 'facts' and 'judgments', which

was considered in the introduction to *TPTC*, would lead to too much complication.
23. Obviously, more than one counter-proposal may be suggested as against the assumption of a variant; cf. also below Note 63. Cf. *TPTC*, Note 10.
24. In contrast to the numbers of the verses in the references, which are indicated by inferior figures, e.g. 5_{14} = Chapter 5, Verse 14.
25. The differences in the numbering of verses between this edition and others are negligible and of no practical consequence.

[25]

verses, or to a larger number of words, generally precede quotations referring to a single verse or to a smaller number of words. A notation concerning the entire verse is given without a lemma quote.[26] Quotations from the beginning of a verse in the version to which there is no corresponding Hebrew text, are indicated by: init]; additions at the end of the verse not found in the Hebrew are indicated by: fin].

44. Quotations are vocalized only if necessary. For the sake of completeness, the material concerning *Ketib* and *Qere* has also been included. In such cases both forms are quoted as lemma, separated by an oblique stroke and the letter q next to the *Qere*.[27]

45. A word or form occurring two or three times in a verse is indicated by a small, raised Arabic numeral, unless it is clear from the order of quotations which is the lemma referred to. Generally, no more than two words will be quoted as lemma. In the case of three or more words, the first and final words are spelled out, separated by a dash. When the quotation does not consist of consecutive words, the break in continuity is indicated by dots.

46. The variants for each lemma may refer to all, most or one of the versions. A reading which is common to all the versions, or all except one, is not preceded by the symbol of a version[28] or else is indicated by the symbol: verss. Other variants, subject to the above, are quoted after the symbols of the respective versions. If the reading is documented by only a part of the witnesses of the version in question, the symbol of the source is enclosed in square brackets, e.g. [𝔊].[29]

47. Variants from the various versions[30] referring to the same lemma are quoted in a fixed order:[31] 𝔗𝔊𝔖𝔏𝔄.[32] The versions are quoted in the scripts in which they have been handed down. To make distinction easier, Aramaic and Arabic quotations are printed in 'Miriam'[33] type, and Latin ones in italics. Quotations from different versions belonging to the same lemma which testify (approximately) to the same reading are separated by semicolons; if in our opinion they testify to different readings, they are separated by a vertical stroke |.[34]

48. When two versions testify to the same reading, often only one of them (mainly 𝔊) is quoted in full, and the other is referred to by an equal mark (=); almost identical testimony is indicated by the symbol ≈. Apart from self-evident cases, at least one version is quoted in full. In referring to variants which do not call for explicit quotation (as in the case of 'pers' etc.) the symbols of the versions are printed side by side without a space between (e.g. 𝔊𝔖).

26. Such a way of quotation is found mainly in notations of the 'pers' type; see Note 28, below. On the other hand, not every detail has always been quoted under its specific lemma and sometimes it has been dealt with in a neighbouring lemma. We take it for granted that readers will always study the whole verse and not be content with looking at one lemma.

27. In this apparatus, unlike in others, variants in *ketib* and *qere* have been quoted only when retroversion yielded a tangible difference.

28. It is doubtful whether there would ever be such a coincidence in regard to a 'material' variant. Therefore this way of notation is restricted in practice to the type of variants specified below, § 54. See Note 26, above.

29. Parallel with this marking, a part of the retroverted text may also be enclosed in square brackets. It is only in regard to 𝔊 that further details of traditions have been given. See below § 51.

30. Apart from the Later Greek Versions (and the Syro-Palestinian), all the versions in our possession offer continuous and complete texts and cautious conclusions may be drawn from silence in the apparatus. See Note 43, below.

31. This order symbolizes, in general terms, the history of the 'Targumic' tradition, but not its literary crystallizations.

32. This order is preserved, except in cases where some versions testify together to the existence of one specific reading.

33. Arabic as a language in linguistic comments is written in Arabic characters.

34. In accordance with the data of the other apparatuses, the vertical stroke is used there to indicate a distinction between variants which is of a slightly different character.

III. The Versions

49. Two versions (or other witnesses) may only seem to give identical or almost identica testimony. In other words: what appears to be the same deviation in two versions, as compared with $\mathfrak{H}$, may be of significance in the light of the method of one version and without significance when viewed as part of the linguistic structure of another. In such cases, we have quoted the version whose reading is conditioned by its structure in braces { }.

50. Despite some doubt, we have not hesitated to add sometimes English translations to the quotations from the versions, especially where it was necessary to indicate our own understanding of the version. Such translations are given between single quotation marks.

51. The quotations from the versions are based on the editions and manuscripts as follows:

$\mathfrak{T}$ — according to Sperber's edition, compared with Stenning's.[35]

$\mathfrak{G}$ — according to Ziegler's edition,[36] but we have sometimes deviated from his judgments and reconstructions. It is only to be expected that there are more differentiations with regard to the Septuagint than with regard to all the other versions put together.

Details are indicated as follows:

[$\mathfrak{G}$] — the reading of a considerable part of the witnesses of the Septuagint, which however cannot be explicitly classified as belonging to a defined tradition or recension (such as Hexaplaric, Lucianic or Egyptian).

⟦$\mathfrak{G}$⟧ — the reading of most of the Septuagint tradition, but nevertheless there are other readings which again cannot be accurately classified as belonging to a certain recension. If there is explicit testimony that a particular reading was recorded in at least some of the manuscripts *sub asterisco* we have added the asterisk in parentheses(⋆).[37]

On the other hand, we have not quoted readings from Greek manuscripts which are clearly of Hexaplaric or Lucianic character, unless such readings, in their own right, suggest the existence of variants different from those in the main Septuagint tradition.[38]

$\mathfrak{G}$ with the addition of a Latin capital letter indicates a manuscript or sub-tradition:[39]

- $\mathfrak{G}_{A}$ — Codex Alexandrinus[40]
- $\mathfrak{G}_{B}$ — Codex Vaticanus
- $\mathfrak{G}_{L}$ — Lucianic recension, etc.

$\mathfrak{G}$ with the addition of two lower-case letters indicates secondary versions:

- $\mathfrak{G}_{bo}$ — Bohairic Version
- $\mathfrak{G}_{sa}$ — Sahidic Version
- $\mathfrak{G}_{sh}$ — Syrohexapla
- $\mathfrak{G}_{sp}$ — Syro-Palestinian Version[41]
- $\mathfrak{G}_{vl}$ — Vetus Latina

35. *The Bible in Aramaic*, ed. by A. Sperber, vol. III: The Latter Prophets (Leiden 1962); *The Targum of Isaiah*, ed. by J. F. Stenning (Oxford 1949). Restrictive marking of a quotation by brackets [$\mathfrak{T}$] in order to indicate a divided tradition is decided upon according to the data in Sperber's edition.

36. Septuaginta .... Auctor. Societ. Litt. Gotting. vol. XIV, *Isaias* — ed. Joseph Ziegler (Goettingen 1939).

37. For technical reasons, we have not been able to use the customary form of the Aristarchian asterisk.

38. Because of the problem of 'proto'-versions which has recently been occupying scholars, we have to be cautious in this matter as well. Cf. Barthélemy, Les Devanciers d'Aquila (Leiden 1963); *RTBT* n. 65.

39. The markings follow Ziegler and the customary abbreviations.

40. After Ziegler also: $\mathfrak{G}_{A'}$ = Alexandrinus + MS 106.

41. The secondary versions in Aramaic have been mentioned not only because they contain extra-Septuagintal traditions, but because as versions in an Aramaic dialect they sometimes may throw a linguistic light. We need hardly add that the Syro-Palestinian version is regarded by us as also containing traditions from outside the Septuagint; cf. the introduction to our edition of the Syro-Palestinian Bible, to be published shortly.

𝔊 with the addition of an inferior Greek letter indicates the Later Greek Versions:[42]

$𝔊_{\alpha}$ — Aquila
$𝔊_{\sigma}$ — Symmachus
$𝔊_{\theta}$ — Theodotion
$𝔊_{\gamma}$ — 'The Three'[43]
$𝔊_{\varepsilon}$ — Quinta

The assumed Aramaic basis sometimes referred to in comments on 𝔊 is indicated by: 𝔊-Targ.

𝔖 is not quoted in any specific edition but according to the overall testimony of the manuscripts collated in Diettrich's collection.[44] According to this testimony it has been decided whether to use square brackets. The testimony of all the ancient manuscripts against the printed editions is taken as unrestricted evidence.[45] Sometimes square brackets have been added without the reason being apparent from Diettrich's collection. In such cases we have relied upon our own collations from manuscripts.

𝔏 — No critical edition being available for this version, our restrictive notation had to be limited to the testimony available in a first draft of a future edition kindly placed at our disposal by the editors of the Benedictine Publication Commission for the Vulgate. Other notations are based on Jerome's wording or discussion in his commentary.[46]

𝔄 is quoted according to the draft of a critical edition which will shortly be published in the monograph series of our Project.[47]

52. The comments given in the Apparatus may be divided into three classes:
a) Verbal explanations, in an extremely concise form.[48]
b) Graphic symbols, which are kept to a minimum. These are as follows[49]:
\+ — addition to the text
~ — transposition of words or parts of a sentence[50]

42. Quotations which are re-translations into Greek, e.g. from Armenian, have been indicated by 're-constr'. The Later Greek Versions have been printed directly after 𝔊, although a point could be made for arranging them after 𝔖. This notation is not meant to imply any stand in the discussion about the independence of these versions. Identity between their text and that of the Septuagint has been recorded separately only in special cases.
43. The fragmentary character of these versions makes any *ex silentio* argument impossible; cf. above n. 30. Sometimes the recorded evidence may look odd, e.g., when in a given case it stands to reason that a whole phrase is affected, but the reading noted refers only to one or two words.
44. *Ein Apparatus Criticus zur Pešitto zum Propheten Jesaia*, herausgegeben von ...G. Diettrich (Beihefte ZAW VIII; Giessen 1905). In the light of *TL* 173 it should be added that for everyday work we have used the Trinitarian Bible Society (= Urmia) edition.
45. In order to show that there is no printer's error, an exclamation-mark has been added. Sometimes we have noted expressly 𝔖mss, and if necessary the reading is commented upon in the notes.
46. According to our principle of using symbols for languages, 𝔏 stands for the Latin Vulgate. The *Vetus Latina* has been taken into consideration as part of the Septuagint tradition. The volume on Isaiah in the planned critical edition of the Vulgate, *Biblia Sacra iuxta Latinam Vulgatam Versionem... cura et studio monachorum S. Benedicti commissionis*, will probably not be published for quite some time. The use made of the draft put at our disposal is solely our responsibility, and we are grateful to the editors of that important project for their kind assistance. For the quotation from Jerome's commentary cf. Kedar-Kopfstein, *Textus* 4: 178.
47. This edition has been prepared by J. Shunary under the guidance of Prof. C. Rabin. Cf. *Textus* 4: 232.
48. Our aim has been brevity of diction, not elegance. Long words have been shortened by omission of derivational and other word-final morphemes.
49. Parentheses serve as usual; brackets for additions and marking of lacunas (in Apparatus II) but they do not indicate the exact length of a lacuna. For indication of part of a tradition cf. above §§46, 51. Question and exclamation marks indicate doubt and emphasis (=*sic*) and are put after the word (on the left of words in Semitic script). For 'braces' cf. above § 49. For diacritical dots see § 60.
50. In case of transpositions the marker also appears at the appropriate place in the lemma.

↓ — reference to another apparatus[51]

⇆⇒ — retroverted or issuing from; developing towards

◡ — read together as a single sentence unit (with a conjunctive accent)

∧ — read with a pause between the parts of a sentence (with a disjunctive accent)

√ — reference to root (without referring to a specific grammatical form)[52]

⊕ — the word belongs (or is interpreted according) to the semantic field of another word (or in parallelism with it).

Cf. also the signs mentioned in §§ 40, 42, 47, 48.

c) Verbal symbols (without a stop at the end), the meaning of which is (partially) self-explanatory.[53] These may be sub-divided into three groups:

53. α) Language Symbols:[54] Acc(adian), Arab(ic), Aram(aic), Can(aanite or Ancient Canaanite), Eg(yptian), Ug(aritic).[55]

54. β) Symbols indicating phenomena,[56] which take the place of explicit quotations and require no comment:[57]

divine — added or different term for divinity[58]

num — variant between singular and plural nouns[59]

pers — variant in person, gender or number, including change from infinitive to finite verb[60]

pron — addition or omission of pronominal suffixes, especially in government of verbs.[61] Variations between pronominal suffixes and the definite article are also indicated by this sign

temp — variants in the 'tenses' of the verb, including variants expressed in the vocalization of *waw* in 'converted tenses'

voice — variants in the use of active or passive, especially with indefinite subject.[62]

---

51. Cf. above § 23.

52. We assume that the ancient versions made use in their exegesis of the bi-radical theory, and therefore expressions such as √ אש (5_{24}) will be used. Naturally, this is in no way a comment on modern theories on the subject.

53. Since most abbreviations had to be mentioned in this list in any case, we have also included those which appear only in other apparatuses. Thus this list becomes practically a general list of all those abbreviations which do not denote sources. Even from this list a basic fact stands out which is, of course, quite conspicuous in our 'index of phenomena'. The ancient versions combine trends diametrically opposed to each other. On the one hand, there are symbols like 'om' or 'hapl' which denote different ways of our judgment: from the point of view of one source we record the other as 'omitting'; if we change our point of view, the picture is turned round (cf. above § 34). On the other hand, there are symbols like 'reduct' or 'parall' which denote contrastive trends in the way the ancient translator went about his work.

54. Only the symbols of group α) start with a capital letter, because they refer to languages.

55. No symbols have been fixed for other languages.

56. This and the following lists are an outline of the most important subjects in our 'index of phenomena'.

57. Cf. above § 41. This way of notation did not prevent us from commenting on the right of the parallels whenever we thought it necessary.

58. In general, we write ה׳ instead of the Tetragrammaton. If necessary for the explanation of a reading, the name is spelled out.

59. Such differences may extend over a number of verses. This way of notation, however, does not imply that each version shows this variation in each possible word. What is implied is that the phenomenon is fairly general. Any such symbol is self-explanatory and the obvious explanations for the singular/plural change — including the by now fashionable enclitic *mem* — are taken for granted. Cf. above n. 14.

60. Sometimes full quotations from each source became unnecessarily cumbersome. In such cases we have given a Hebrew form in parentheses, which is to be understood as a short cut, not as a retroversion. The substitution of a finite verb for a Hebrew infinitive is usually taken to be a necessary way of translating, and hence is recorded in some cases only. (Cf. e.g., 51_{16}).

61. Usually recorded as: om pron/+pron. Especially in this case we may not have been always successful in deciding what has to be recorded. The different habits in this respect of the Peshitta on the one hand and the Septuagint on the other make such decisions rather difficult.

62. On this subject cf. recently Rabin, *Textus* 2: 60 f.

55. γ) Symbols indicating phenomena, mainly used in the explicatory part of the apparatus:[63]

abbrev	—	change explained by the assumption that a word has been abbreviated in writing[64]
add	—	added; additional[65]
anthropom	—	change based on avoidance of anthropomorphism
app	—	reference to something stated elsewhere in one of the apparatuses[66]
assim	—	assimilation to a word or form[67]
atten	—	attenuation in the choice of a word; use of a 'weaker', less specific word
bis	—	found twice in the same source, page, etc.[68]
conjec	—	conjectural reading (unaided by witnesses)
constr	—	the word understood as a noun in the construct form
dissim	—	deliberate avoidance of a similar or identical word[69]
ditt	—	dittography[70]
dub	—	doubtful reading[71]
dupl	—	duplication in writing, reading, translation or interpretation of word[72]
equiv	—	word or expression regarded as equivalent and capable of stylistic or lexical interchange[73]
etym	—	interpretation based on particular etymology
evid	—	mainly: 'no evid', i.e. no evidence in favour of the assumed variant, in the light of the linguistic structure of the version
ex	—	variant due to direct influence or borrowing from another verse[74]
exeg	—	exegetical change, sometimes with specification: geograph, theol, etc[75]
gloss	—	explanatory gloss by translator (copyist, etc) which has entered the text (and sometimes leads to 'dupl')
graph	—	change based on graphic similarity
hapl	—	haplography or haplology[76]
herm	—	see § 66 f.
homoio	—	homoioteleuton (or similar omission)[77]
idiom	—	idiomatic usage

To this group belongs also the word for 'all'; cf. *TPTC* n. 12. Recorded as: om כל/+כל.

63. Often there is more than one way of looking at matters. We did not make it always our business to spell out all the possible explanations; cf. n. 23, above and *TPTC* n. 10. For instance: the interchange ־יו :־ו is 'num'. But since it may be explained as based on the neutralization of the opposition /*o*/: /*aw*/ because of the monophthongization of /*aw*/, it is also 'phon'. The change נו : ם is 'pers', but also 'graph'; etc.
64. Cf. recently the articles of Driver, *Textus* 1: 112 f., 4: 76 f. As noted above n. 14 we make little use of this assumption.
65. This notation includes exegetical additions from similar verses.
66. We have not refrained from mentioning in this volume some references to chapters which will only be printed in the final edition.
67. Cf. 'dissim'.
68. Especially in Apparatus II; cf. 'once'.
69. Cf. 'assim'.
70. Cf. 'hapl'.
71. Especially in Apparatus II and III. This symbol refers mainly to uncertainties because of physical damage to the manuscript or blemishes in the photograph. Cf. below § 60.
72. These are different ways of looking at the relationship between the *Vorlage* and the version and of judging the system of the ancient translator. In most cases there is more than one way of describing the textual changes, and hence different notations were finally united into 'dupl'. Cf. 'reduct', 'parall', 'gloss'.
73. Cf. 'use'.
74. In contrast to the general 'cf', which is less specific and more doubtful.
75. Further sub-groups could have been specified. It might be objected that 'exeg' has been used too frequently; but the exegetical component is, indeed, most powerful.
76. Cf. 'ditt'.
77. Especially, but not solely, homoioteleuton.

imit — mainly: sound imit, i.e. the translator chose the word to imitate the sound of the Hebrew[78]

lac — lacuna[79]

lem — reference to another lemma[80]

marg — marginal note[81]

om — omission[82]

once — appears only once out of two (or more) occurrences in the source or on the page stated[83]

opp — opposition between two words or forms; as opposed to, etc.

parall — change based on translator's desire to achieve a more perfect parallelism (sometimes through simplification of the syntactical structure)[84]

phon — change based on phonetic resemblance or assimilation[85]

pm — first hand (*prima manus*), indicating earlier state of manuscript[86]

pr — prefixed word(s)[87]

ras — erasure in the manuscript[88]

rectio — change in choice of preposition or government of object (in accordance with structure of target language)

reduct — reduction by omission of (parallel) member[89]

slot — replacement of 'redundant' or difficult word and filling in of the 'vacant' place with new contents[90]

sm — second hand (*secunda manus*), indicating the state of the manuscript at present (after correcting, change etc)[91]

sol — see § 82

struct — different conception of the structure of the sentence or different division of the words between the various clauses

synt — syntactical normalization, simplification, adaptation, etc.

telesc — telescoping of the picture; different arrangement of phrases or clauses by telescoping[92]

transcr — explanation according to 'principle of transcription' (into Greek)[93]

use — linguistic or exegetical habit of the translator[94]

v. — verse[95]

var — variant, e.g. 'synt var'[96]

verss — all or most versions; see above § 46

78. Cf., e.g., $5_{6, 30}$.
79. Used in Apparatus II and III.
80. Cf. above § 40.
81. Used in Apparatus II and III.
82. Also as general notation in group β) above. Sometimes: parall om, i.e. omission for the sake of parallelism.
83. Used in Apparatus II, i.e. only one quotation deviates from $\mathfrak{H}$; cf. 'bis'.
84. Cf. 'dupl'; 'reduct'.
85. Such as the interchange of *he* and *yod* after word-final *e* (see *TL* 86 f.). Cf. n. 63, above.
86. Used in Apparatus II and III. This notation refers to the manuscript mentioned directly before. It indicates only that there is a change in the manuscript — correction, erasure, marginal or interlinear addition, etc. Since most of our recording is based on photographs, we have omitted all references as to whether there are actually two

(or more) scribes involved.
87. Used together with the notation 'init', if demanded by the occasion; cf. above § 43.
88. Used in Apparatus II and III.
89. On the one hand 'reduct' and 'parall' are used as contrasts; on the other hand we use 'parall reduct', i.e. in $\mathfrak{H}$ there is a parallelism which has been cut out in the version. Cf. 'dupl'; 'telesc'.
90. Cf. for the moment *TPTC* 152 f.
91. Used in Apparatus II and III; cf. n. 86.
92. As opposed to 'reduct', this does not indicate parallel structure of the verse.
93. This symbol by itself indicates considerable doubt; cf. above n. 14.
94. Cf. 'equiv', 'idiom'.
95. More than one verse: 'vv.'
96. This notation may refer to linguistic variation in Hebrew or in the target language.

voc — mainly: no voc, i.e. the word is not vocalized[97]
vocal — different pattern or form of the same word (differently 'vocalized', as it were).[98]

IV. APPARATUS II: THE SCROLLS FROM THE JUDEAN DESERT AND THE RABBINIC LITERATURE

56. The type of variants included in Apparatuses I and III has already been utilized in the past for Bible editions; Apparatus II, on the other hand, constitutes an innovation.[1] While the recording of the variants from the Scrolls arouses no particular difficulties and is one of the comparatively simple matters in this edition — as it involves only the usual problems arising in any collation of manuscripts — the recording from Rabbinic literature is a first attempt to overcome the hurdles that confront anyone who tries to utilize that material in the framework of an apparatus.

57. To avoide the proliferation of apparatuses, the variants from both types of source have been collected in one apparatus.[2] The common feature is that all these variants were handed down in Hebrew (in contrast to the material in Apparatus I) and that they have not been culled from medieval Hebrew Bible manuscripts (in contrast to the material in Apparatus III). But the differences are more outstanding:[3] the readings from the Scrolls come mainly from Bible manuscripts, complete or fragmentary, while the Rabbinic material comes from quotations or the use of biblical passages in the *derasha*. The former are in our possession unchanged, as spelled out by the scribe two thousand years ago, while the latter only started on its long journey at that time and presents a complex tissue of problems: the ancient tradition, the time of literary crystallization, contacts with other sources, families of manuscripts, and the impact of redactors, editors and printers. As for the material from the Scrolls, all that has to be done is to record it, and apart from questions of paleography or damage to the manuscript there are only the usual problems of collation. In fact, sometimes the editor may have at his disposal a complete chapter or even a book of the Bible, so that the apparatus may be interpreted *ex silentio*, and unless a variant is recorded, textual identity with the Massoretic Text is implied. As to the Rabbinic material, on the other hand, there is hardly ever absolute

97. Used in Apparatus III. This symbol is used in many instances where the scribe deviated from 𝔖 and the word was afterwards left unvocalized. We do not indicate whether it was the scribe himself who vocalized the codex.

98. This symbol is meant to absolve us from the need to specify various possibilities of 'reading' the word, and we have not gone into details of what would be the exact form if vocalized according to the Tiberian system. In other words, the variation assumed is not one of the consonantal skeleton of the word, and often it is a difference of variant-patterns.

IV

1. Anyone who attempts to tackle the problem of biblical quotations in Rabbinic literature is indebted to the pioneer study of Aptowitzer, *Das Schriftwort in der rabbinischen Literatur* (1906–1915).

2. Cf. above, §§ 7, 14.

3. We are aware that the practical demand not to divide the material among too many apparatuses has forced us to quote the sayings of our Sages next to the 'sectarian' Scrolls. This may be an 'ideological' problem, but certainly is no reason to enlarge the number of apparatuses.

certainty, and all we have at our disposal are fragments of quotations which cannot be combined into a complete whole. At least some of the Scrolls were written in the period before the 'Massoretic Type' became fully dominant, and their evidence as to variants, in respect of certain chapters of the Bible, may turn out to be of no less importance than the evidence assembled in Apparatus I (cf. above § 8). The Rabbinic material, on the other hand, is almost entirely of the 'Massoretic Type', although some remnants of a different tradition may have been intermingled.

58. This description of the difference between the two types of sources holds true in general. For the Book of Isaiah, however, we have not recovered as yet a Scroll which is not of the Massoretic Type.[4] While there are considerable differences between the Scrolls known, none is of the non-Massoretic type. At first sight, the readings from the Rabbinic literature appear more impressive. If, however, these were considered as part of a comprehensive recording of all the testimony in Rabbinic literature, the impression would be different.[5] Of course, even as regards sheer quantity, Rabbinic literature at present offers the majority of 'material' readings.

59. The quotations from the Scrolls have been collected from four sources:
(a) The so-called 'complete' Isaiah Scroll from Qumran Cave I, quoted as Is-a. This is the only Scroll in regard to which conclusions may be drawn *ex silentio*;
(b) The 'fragmentary' Isaiah Scroll from the same cave, quoted as Is-b;
(c) Quotations from *pesharim* or fragments; for the chapters published at present all material comes from one *pesher* alone, quoted as $4Q_{p-b}$;[6]
(d) Quotations from non-Biblical Scrolls.
Despite fluctuations in the evaluation of Is-a, this Scroll has not been displaced from its special position as the only complete and almost undamaged manuscript of a large book of the Bible. After various attempts at partial collation, it transpired that little was to be gained by excluding 'grammatical' variants. It was thus decided to publish a practically complete collation,[7] and — as far as we know — this is the first publication of one.[8] Because of the character of the manuscript and the scribal differences in its various parts, the well-known dilemma whether to include or exclude phonological or morphological phenomena in the apparatus has been decided in favour of including them.[9] Merely orthographical

4. Had scholars known of the existence of Scrolls of the 'non-Massoretic type' back in 1948, much discussion about the 'value' of the biblical scrolls might, perhaps, have been avoided.

5. This is but another application of the principle of structure analysis.

6. This fragment is known as 4QpIsb, published by Allegro, *JBL* 77 (1958) 215 f. For the beginning of Chapter 11 we have 4QpIsa, published *ib.* vol. 75 (1956) 180 f. That fragment contains no material that needs recording. Our use of 4Q in the abbreviations follows the general custom, and no comment on the problem of the provenience of any particular fragment is intended.

7. In this case the recording of *ketib/qere* variants is complete (cf. above § 44). In the chapters published here the material from all the Scrolls has been fully recorded, but this will not be necessarily so in the final edition.

8. A first list of collations was published by Eissfeldt as Addenda to *Biblia Hebraica*[3] (Stuttgart 1951),

and corrections and additions were published by the present writer — *Biblica* 34 (1954) — and by D. S. Loewinger — *VT* 4 (1954). Cf. also the corrections by Kutscher, *The Language and Linguistic Background of the Isaiah Scroll* (Hebrew), 1959, p. 528 f. Since a complete collation may be of some value in its own right, additions and omissions of *waw* have also been recorded, against the general instructions for this edition; cf. above, § 37.

9. The arguments for including orthographic differences — which may be sometimes of interest for explaining other variants — are well known. It is, however, not less obvious that little is to be gained if every case of כיא is recorded. Since there remains an element of selectivity, there also remain doubts as to some decisions — here as elsewhere. Cf. in this respect the recent paper by Orlinsky in *The Bible and the Ancient Near East*, Essays in Honor of W. F. Albright (1961), 121 f.

variants, especially those concerning *plene* and defective spellings, have not been included except in special cases.

60. In the collation of Hebrew manuscripts, diacritical dots are used as follows:[10]

a) A dot above the letter, e.g. בׄ: the reading of the letter is uncertain because of damage to the manuscript, e.g. in the case of a lacuna;[11]

b) A circle above the letter, e.g. י֯: the interpretation of the letter is uncertain (but the manuscript is not damaged);[12]

c) A dot in the middle of the word between two letters indicates a space in which remains of a letter or an erasure are perceptible, e.g.: ב·מה.

61. At the proof-reading stage the readings of Is-a as visible in Burrows' edition have been compared with the original, now kept at the 'Shrine of the Book' at the Israel Museum, and the following details should be noted:[13]

2_{7}	ותמלא	—	hardly any doubt in regard to the *waw*
2_{17}	[הׄ]אדם	—	the remnants of the *he* can be discerned
	ושפל	—	hardly any doubt in regard to the *waw*
	ההוא	—	no erasure but damaged parchment
5_{5}	אודיעה	—	no remnant of a letter after the ʿ*ayin*
	משוכתו	—	apparently a *samech*, not a *sin*
5_{8}	לבדכם	—	remnants of the *lamed* clearly discernable
5_{14}	ועלז	—	the first letter apparently a *yod*
5_{25}	ידו	—	it seems at first as if a second *yod* was written and erased; but in fact damaged pachment
11_{2}	וגבורה	—	the *resh* fairly well readable
11_{3}	והריחו	—	hardly any doubt in regard to the *waw*
11_{4}	לענוי	—	apparently the first hand לעניי and changed into לענוי
11_{5}	והיה	—	the second *he*: damaged parchment, no erasure
11_{6}	ירבץ	—	*ṣade*: damaged parchment, no erasure
11_{7}	תרעינה	—	*taw*: damaged parchment, no erasure
11_{15}	והדריך	—	originally apparently והדריכו.

62. The notation of readings from the other Scrolls has been carried out according to the rules laid down for Is-a. In the collation of Hebrew manuscripts there also exists a problem similar to the one stated above (§ 49): that what appears to be an identical deviation in two witnesses may in fact have a different weight in view of the orthographical structure or linguistic habits of each source.[14] Variants of this nature have been recorded between braces { }.[15]

63. The problem of quotations from the Bible in non-Biblical scrolls will have to be solved for the edition as a whole,[16] but it hardly arises for the chapters published here.[17] Where

10. This system of notation is also used in Apparatus III. For the graphic symbols, cf. above § 52.

11. The symbol for a doubtful reading, in general, is 'dub'.

12. This notation is used when graphic similarities prevent a clear decision as to which letter is intended. The circlet has been used as follows: if 𝔊 has ו and we wonder whether the manuscript has י, we write י֯ — and vice versa. For typographical reasons the circlet had to be set rather high above the letter.

13. We wish to thank the directors of the Shrine of the Book (*Hekhal Hasefer*) for enabling us to carry out the examination. We hope we shall be able to offer further corrections in the near future.

14. Cf. for this problem *TL* 97 f.

15. In these chapters only quotations from 4Qp-b were marked this way, because that fragment has a relatively large number of variants of the type mentioned in Chapter III n. 85, above.

16. I published a first attempt in that direction in *VT* 3 (1953) and the inquiry was continued by Rabin *JThST* 6 (1955). For the present edition the non-biblical Scrolls were examined by M. Elath.

17. For a complete collation we would have to quote

there are quotations from more than one scroll, they will be arranged according to the order in § 59, and any quotation from a scroll will precede a quotation for the same lemma from the Rabbinic literature. Identical variants which appear (with only minor orthographical variation) both in the Rabbinic literature and in the Scrolls will be quoted according to the spelling of the Scrolls, so long as there is only a slight difference, such as between *plene* and defective spellings.

64. By its very nature, the notation from the Rabbinic literature must be regarded as selective. We have covered almost all the sources: Mishna and Tosefta, Talmud and most of the Midrash.[18] But in the light of the considerable variations in the nature of the variants culled from vulgate editions on the one hand and critical editions or manuscripts on the other, the process of collecting the material cannot be regarded as complete, until some future date when the entire Rabbinic literature will be edited critically. Only then will it be possible to evolve criteria for the final utilization of the material. The recording in our apparatus presents the outcome of repeated sifting by the team of the Rabbinic section, its organizer and its head, as well as by the present writer and his assistant, and it would take an extra volume to present the stages of sifting and the reasoning involved. For all these reasons, the recording must be regarded as selective.[19]

65. An even more serious aspect of the matter is that in regard to the Rabbinic literature — and the same applies to the material quoted in Apparatus III — our system of notation almost inevitably distorts the overall picture. A verse or a word may be quoted in various places in the Rabbinic literature — and for each instance we may have copious manuscript evidence, according to all of which the quotation is identical with that of the Massoretic Text. There may be, however, one case of a variant in one manuscript — and this is the one which may appear in the apparatus. Without having at our disposal a complete record of all the evidence in the Rabbinic literature and publishing the full evidence, there is no safe way of evaluating the isolated reading.[20] For the moment there is no alternative to subjective evaluation according to criteria which may be accepted as reasonable: the type and age of the source, the documentation of the variant in one or more sources, in one manuscript or in the entire textual tradition, in a manuscript known for accuracy or the reverse, the character of the variant, parallels in non-Rabbinic sources, and so forth.[21] Hence the warning sounded in § 22 above.

the spelling הואה in 2_{22} from IQS v 17 and, perhaps, the expression וגבורתם כעשן נמלח in 51_6 from IQM xvi 10.

18. Only a few sources have not yet been examined fully and the work is expected to be finished soon. In any case, the inclusion of a certain source in our list signifies only that we have used that source according to the edition (or manuscript) mentioned, and not necessarily that the said source has been fully worked through.

19. No attention has been paid to differences of *plene* and defective spellings, additions of *waw* etc. On the other hand, possibly significant orthographic changes have been recorded.

20. According to the general structure of the apparatus, no testimony in favour of 𝔐 has been included, even where modern scholars have suggested textual changes on the basis of versions. Such testimony will be published, once the comprehensive inquiry on 'The Bible Text in Rabbinical Literature' is completed. For instance: the form קָרָא in 48_5 has been doubted, but PesR § 12 (52*a*) uses in the *derasha* on this verse the expression לתלות אותך בקורה... On the other hand, we have recorded in 5_1 the reading בבעל בן שמן. which, incidentally, may be explained on the basis of Cant 8_{11}. In SiphDt § 37 (73) we have the same reading as 𝔐, but our apparatus would not show this.

21. It has already been stated (above §§ 12, 27) that all explanations belong into a future companion volume. Only in a few cases did we therefore introduce footnotes. The slightest excuse was sufficient to decide in favour of including a reading different from 𝔐. But textual omissions, as a rule, were not recorded, because it is the habit of the ancient *darshan* — and the copyist after him — not to quote the complete phrase, and hence such quotation was not deemed, in general, to constitute possible evidence for a textual omission.

66. The most important distinction is that between readings documented in verses quoted and those emerging from an analysis of the *derasha* itself (indicated by 'herm') or from both quotation and *derasha* ('also herm'). In principle, it is the variants emerging from the *derasha* that are of particular interest. These are, unfortunately, in the minority, There are only a few cases in which we may assume with complete certainty that the *derasha* is, indeed, built on a different reading. The very use of 'herm', therefore, in fact always means that the notation is not beyond doubt.

67. A particular type of possible variant emerging from the *derasha* is the 'Al-Tiḳre'. The character of this type of *derasha* is still debated, but for our purposes we have mentioned each 'Al-Tiḳre' which may conceal a variant.[22] This term has been used with every *derasha* expressly marked as such in any of the sources, even if in all parallel sources it appears as an ordinary *derasha*. If the *derasha* is of the 'Al-Tiḳre' type, but is not so designated in any source, it is marked 'herm'. On the other hand, we have only used the 'transposition marker' (~) for those quotations in which parts of the Biblical text are transposed and the Midrash uses expressly the expression מה כתיב אחריו or similarly. It is doubtful whether that expression should be explained as expressly indicating transposition, and this type of *derasha* requires further study.[23]

68. It is a well known fact that in vulgate editions most of the 'deviant' quotations have been corrected by the printers, and even 'semi-modern' editors, who made use of one or two manuscripts, did not usually bother to record such variants. The sources used may thus be classified as follows:[24]

a) Critical[25] or semi-critical[26] editions;

b) The Babylonian Talmud, for which we had fairly extensive collations at our disposal;[27]

c) Manuscripts and first editions[28] collated by us;

d) Vulgate editions.[29]

All quotations in this apparatus should be checked against the edition or source used by us, and no more is implied than is evident from the appended list of sources, e.g. the notation 'all manuscripts' means: all manuscripts used by the editor of that named edition, etc.[30]

69. Variants from the Babylonian Talmud[31] have been culled from manuscripts and Geniza fragments which cannot be listed or described here in detail (cf. appended list). Altogether, the variants have been culled from some forty witnesses, including early printed editions, and for each tractate there have been, on the average, ten to twelve witnesses. After various experiments, we have decided to fix symbols for five manuscripts and four early editions.[32] In addition to the witnesses thus identified, which extend over large parts or the whole of the Talmud (or its Aggadic portions), there are a number of additional witnesses for each tractate

22. On the other hand, a free *derasha* has not been recorded. Again, a *derasha* which did not enter Apparatus II in its own right may well serve as part of the comment (to the right of the parallels) in Apparatus I. Cf. above § 42. See, e.g., 11_9.
23. Where the expression מה כתיב אחריו cannot be taken to refer to transposition, the *derasha* has not been recorded.
24. The list is appended after the Hebrew introduction.
25. These editions — such as Bereshit Rabba, Wayyiqra Rabba or the first two parts of the Tosefta — are in the minority.
26. E.g., most of S. Buber's editions.
27. Cf. the Preface and below, § 69.
28. For particular reasons we have sometimes used another early edition.
29. For the reasons stated we have hardly ever relied on a vulgate edition.
30. Sometimes an editor uses a few manuscripts and a first edition, whereas we shall refer to all his sources as 'mss'.
31. Cf. Preface.
32. We have as yet no reliable result in regard to the 'importance' of the various mss. The symbols have been fixed for those mss which have been quoted more frequently (because they extend over larger portions of the Talmud).

which have only been 'counted'. Thus, e.g., a variant may be quoted from two identified and two non-identified sources ('+2 mss').

70. The material from the Rabbinic literature is not so voluminous as to make it necessary to preserve a meticulous grading of the sources. In general, it may be said that the Tannaitic literature comes first and that early *midrashim* precede those edited later. The sources have been quoted as independent entities, and we have not gone into the question of mutual dependence,[33] although it is self-evident that what is quoted from two *midrashim* may be only one testimony and that the borrowing source might be of no more value than a manuscript of the parent source.[34]

71. The scope of sources has not, for the time being, been extended beyond the limits of Talmud and Midrash, although, obviously, some readings may be culled from *Piyyuṭim*, commentaries, Kabbalistic literature, etc. Some attempts at recording have been made, and in a completely sporadic fashion some quotations from that literature have been included.[35]

72. In regard to the lists of sources appended at the end of this Introduction the following principles should be kept in mind:

a) The list of abbreviations does not exactly mirror the extent of sources in Rabbinic literature. On the one hand, there are abbreviations which do not stand for independent sources — such as the tractates of the Talmud — while on the other hand there are sources which are quoted only rarely, and for the time being no abbreviation has been fixed for them. The spelling of the abbreviations has been modelled after the spelling of the title-page for the sake of conformity between our two lists.[36] In the abbreviations for tractates and the like, in cases where the book has no title-page in Latin characters or when we found it necessary to introduce slight changes, we have applied the usual system of transliteration.[37] Each abbreviation is written as one word, even if the title consists of two words or more.[38]

b) Because of the recurrent names of the tractates, identifying symbols have been prefixed: m — Mishna, t — Tosefta, b — Babylonian Talmud, y — Palestinian Talmud ('Yerushalmi') e.g. bBer = Babylonian Talmud, tractate Berachoth.[39]

---

33. So much so that, if in the list of witnesses for a certain edition of a Rabbinic text the editor adduces another work, as if it were a manuscript of his text, we follow him. For instance: the editor of the *Mekhilta* may quote the *Yalḳut* as if it were one of his mss; although we may quote the *Yalḳut* separately, we do not deduct it from the number of manuscripts adduced by the editor of the *Mekhilta*. On the other hand, if the whole testimony rests on the *Yalḳut*, we quote it in its own right only, not as a manuscript of the *Mekhilta*.

34. We do not identify the sources of the *Yalḳutim*, since an attempt in that direction has shown that we would have to tackle many problems which are outside our province. We have, however, made a point of quoting the *Yalḳutim* because of their accessibility to most readers.

35. A symbol has been fixed only for the Zohar (Zo).

36. A perusal of our list will give an idea of the problems which had to be solved; the solution is not always satisfactory. For instance: a certain *midrash* is commonly known under a name different from the one printed on the title page; two *mid-*

rashim have similar names, but their editors used different systems of transliteration on the title pages, etc. In general, we have followed the editor's spellings and introduced slight changes only where necessary. The abbreviations were fixed according to the title pages in Latin characters and, if necessary, cross references were given in our list.

37. Since most editors did not use an exact transcription, we continued in the same vein. Thus we write *sh, ch*, not *š, x* etc. Emphatic consonants are usually transcribed without additional diacritic points so that, e.g., ק is often *k* (sometimes also *q*). For our list we have recorded title pages in Hebrew and Latin characters separately. Where the editor has given only one title page we supplied the other in parentheses. It is, however, possible that in some cases we have 'supplied' it without justification, i.e. because we were unaware of the existence of an original title page.

38. Abbreviations referring to three words in the title consist, in general, of three capital letters, e.g., PRE — פרקי רבי אליעזר.

39. The notation (m) is sometimes added in a quota-

c) Sources for which there is no commonly accepted pagination have been given as far as possible with a double notation: according to section or chapter,[40] and according to page (given in parentheses).[41] This notation is intended to facilitate the work of those who do not have that particular critical edition or early print etc. at their disposal. The Palestinian Talmud is quoted according to chapter and halacha in the Vilna edition and the page number in parentheses refers to the Venice edition. *Yalḳuṭ Shim'oni* is quoted according to the usual paragraphs and *Yalḳuṭ Hamachiri* on Isaiah *ad loc* is quoted without further reference. A Midrash which is generally quoted according to chapter and verse from the Bible will be quoted accordingly.

The list of abbreviations and the bibliographical list are given in the Appendix.

V. APPARATUS III: MEDIEVAL BIBLE MANUSCRIPTS

73. The witnesses assembled in this Apparatus have one feature in common: they all are Hebrew Bible manuscripts written in the 'Massoretic Period', i.e. dating from not earlier than *ca.* 800 CE. There is no need to discuss here the questions of the exact beginnings of that Massoretic activity which resulted in the invention of vocalization and accentuation signs — both in Babylonia and in Palestine — for there is no manuscript known today which may be called a 'borderline case'. Between the latest Bible manuscript from the Tannaitic period and the earliest from the Massoretic period there is a gap of *ca.* 600 years — about one-third of the entire period covered in this edition.[1]

74. The sources studied in this apparatus are somewhat awkwardly termed 'Manuscripts from the Massoretic Period' in order to preserve the following distinctions:

a) Manuscript of the 'Massoretic Type': a manuscript which belongs textually to the Massoretic current, without being identical in all details with the *textus receptus*, which we do not wish to describe specifically as 'proto-Massoretic'. This term is used mainly to denote manuscripts (or quotations) up to the end of the Tannaitic period, to distinguish them from the 'extra-Massoretic' type.[2]

b) 'Massoretic Manuscript': a manuscript from the Massoretic period whose text is that of the *textus receptus*; this term does not specify that the manuscript is vocalized and accented, nor is there any reference to the kind of Massora, if any.

c) 'Tiberian-Massoretic Manuscript': a manuscript according to the Tiberian *textus receptus* (which implies at least Tiberian vocalization).

d) 'Massora Codex': a Massoretic manuscript, vocalized and accented, with Massoretic notes in the margin.[3]

---

tion from a Talmud manuscript. It indicates that it is a *mishna* that is quoted.

40. The paragraph sign § is used for this purpose. If necessary a sub-division is indicated, e.g. § 5:3. A *Petiḥta* is quoted as 'Intr'.

41. Sometimes manuscripts disagree as to the numbering of chapters, e.g. in the Tosefta. We have been content with a system of double references and no treble references are given.

V

1. Until this gap is filled we may use the term 'medieval manuscripts'.

2. For the differences between the terms: extra-Massoretic, proto-Massoretic, pre-Massoretic cf. *TL* 160 (see also the index *ib.*, 206).

3. This is a sign that the scribe intended to produce an exact codex; cf. *BMU* 36.

e) 'Manuscript from the Massoretic Period': a general term for all types of Bible manuscripts written after *ca.* 800 CE which does not specify in advance whether these are 'Massoretic' or not.[4] Although there are considerable differences as to the details of Massora, vocalization and accentuation — some of which are recorded in Apparatus IV — for the purpose of collecting variant reading all the manuscripts from this period have been included in Apparatus III.

75. The inclusion of the manuscripts from the Massoretic period in an apparatus of their own is the result, not of *apriori* historical abstraction, but of the examination of the data. At present we shall not dwell on the theoretical aspect of this question; suffice it to say that the theory, pronounced most forcefully a century ago, that the textual state of medieval Hebrew manuscripts should be explained as the development from a single archetype, was not so far off the mark — although our own view differs in some essential respects.[5]

76. It has already been mentioned above (§ 16 f.) that almost all the variants in manuscripts from the Massoretic period are explicable as the result of analogy and association on the one hand, and of linguistic simplification and normalization on the other. Such factors are always present and hence it is not permissible to assume genetic connections on the basis of these varients. Indeed, no scholar has ever tried to work out a stemmatic schema for these manuscripts. This characteristic constitutes the fundamental difference between them and the witnesses adduced in the first two apparatuses, in which we find also other types of variants. This characterization applies to all the manuscripts from the Massoretic period — Babylonian and Palestinian, Tiberian *receptus* and *non-receptus*, and of course there is no difference between complete codices and Geniza fragments.

77. Were it not for the problems that arise with regard to a very few manuscripts (see below § 81), we might already have decided at this stage that all the medieval readings illuminate the processes of textual dynamics and the continuous new creation of variants, but that for the reconstruction of the Biblical *Urtext* their value is practically nil. I have grave doubts whether we have in our possession even one single manuscript whose variants can be proved to be genetically connected with an extra-Massoretic source — as distinguished from typological parallels. But there is still the element of doubt, because also the opposite is hardly provable. For that reason a considerable effort has been made to devise a method of presenting the data. Our purpose in this apparatus, therefore, is not only to sum up the findings but also to bring out the facts clearly, so as to turn the attention of scholars to this central problem. The variants included offer, therefore, a first overall presentation of all the material assembled since the days of Kennicott, and they exceed in number all that has been selected for various editions since the beginning of the 19th century. At the same time, I repeat the warning sounded against indiscriminate quotation from these manuscripts as if they could offer support for the reading of an ancient version, etc.[6]

78. Four types of sources are included in this Apparatus:
a) Those ancient Massoretic manuscripts, of the Tiberian *receptus* and of other types, for which the variants of spelling and accentuation have been recorded in Apparatus IV;[7]
b) Certain manuscripts which stood out after our pilot investigation as needing a new complete collation, so that their character can be ascertained;

---

4. In fact they all are, although the manuscripts discussed below, § 81 might finally be classified as belonging to the 'Massoretic Type' only.

5. Cf. above § 16 f.

6. Cf. *TL* x f.

7. According to the instructions, a certain reading may be recorded both in Apparatus III and IV, namely, if the difference in spelling or vocalization may also be a 'meaningful' variant.

c) Selected readings from manuscripts whose variants had been recorded in the past in various collections;
d) Manuscripts and fragments from the Geniza, whatever their system of vocalization.

79. This grouping of sources has been followed in the apparatus and within each lemma witnesses belonging to different groups of sources have been divided from each other by a semicolon. The collation of the sources from types a) and b) is complete; from the types c) and d) it is selective. The complete collation[8] is published here in order to provide the reader with all the evidence necessary to judge the character of those manuscripts, for only by examining the source in its entirety is it possible to evaluate each single variant. Particularly in regard to the sources of type b), it should be noted that this is the first complete collation and that we have recorded more than is to be found in Kennicott (especially as variations of vocalization were not recorded by him). The selectivity with regard to the evidence from type c) is our own doing, i.e. we have selected the material according to the principles explained below. In regard to type d) the selectivity lies in the material itself, i.e. we are far from having completed the recording of all the variants in all the Geniza fragments known at present. The variants known to us have been quoted,[9] and in regard to fragments with Palestinian and Babylonian vocalizations,[10] it would seem that we had all the known material at our disposal.

80. The sources, in detail, are as follows:
a) This group contains the four most ancient Tiberian Massoretic manuscripts known to us, whether their vocalization and accentuation is almost identical with that of the Aleppo Codex or deviates slightly from it. They are quoted as: ל (Leningrad), ק (Cairo), ש (Sassoon), נ (New York). In addition there are two other manuscripts, each of which is the most ancient of its type: פ (Petersburg, written in 916), ר (Reuchlinianus written in 1105). The one is distinguished by its character as a 'Babylonian-Tiberian' manuscript and the other is an outstanding representative of the Tiberian *non-receptus* text. More exact details are given below § 89 f.

81. b) This group contains the manuscripts known as Kennicott 30, 93, 96, 150.[11] It need hardly be said that the selection of the manuscripts should be done afresh for each book of the Bible.[12] In regard to the Book of Isaiah it may be said that if there are any manuscripts at all which may be suspected of containing some extra-Massoretic variants, these are they. But, again, it is very doubtful whether there is any ground for such an assumption.

82. c) This group contains most of the manuscripts whose readings were recorded in previous collections. Since, in our view, the readings in these manuscripts have no value except for typological comparisons, we have tried to work out a system of selective quotations. This system is designed to send the reader to the collections and to prevent him from counting or weighing the evidence according to our apparatus. We have therefore refrained from giving exact

8. As to the extent of a 'full recording' for our purpose cf. above, § 59. From these manuscripts even obvious errors have been noted, so as to present the reader with a complete picture.
9. At this stage there is no need to dwell at length upon principles of notation which are based on the examination of the vocalization system of a given fragment. For instance: if a certain fragment does not differentiate between *shewa* and vowel (*pataḥ*) — as is the case in T–S A 10,4 — there is no room for recording the interchange of וְ/וַ before verb forms.
10. The material has been examined by I. Yeivin, who has assembled all the known fragments for his dissertation.
11. In order to facilitate the work of scholars who wish to compare other editions, we have not changed the numbers.
12. Our present selection is the outcome of new tabulations; hence the slight difference in the grading of manuscripts as compared with *TL* 56. For the results of other scholars in regard to the selection of manuscripts, cf. *TL* xi.

references or numbers. The selection has been made in such a way that every variant, which might be regarded as possibly having some significance has been quoted.[13] The details must be looked up in the collections, which are indicated by the following symbols and arranged in the following order:

K — Kennicott

R — de Rossi

G — Ginsburg.

The mention of one of the sources (or more, e.g. KR) means that the reading is to be found in at least two manuscripts.[14] If the number of manuscripts containing the reading is ten or more, the abbreviation (mlt) is given in parentheses. For this purpose the manuscripts from all the collections are counted together, i.e. KRG(mlt) means that there are manuscripts giving this variant in the three collections and they total ten or more.[15] A reading appearing in one manuscript only is indicated by (sol). The repetition of (sol) next to two identical or almost identical notations close to each other means that it is the same manuscript that gives the variant in both cases. If that variant is quoted from another manuscript, the fact is indicated by (sol al).[16]

83. d) This group contains manuscript fragments, mostly from the Geniza. Since this material has hardly been recorded at all in other editions, we have not been too selective in quoting. This material is indicated as follows:

B — Fragment with Babylonian vocalization

G — Geniza fragment unvocalized or with Tiberian vocalization (including *non-receptus*)

P — Fragment with Palestinian vocalization.

For the chapter published here there is no need to give detailed descriptions.[17]

84. It should be added that we might have expected the Geniza fragments to yield readings different in character from medieval manuscripts in general. We can only indicate here that this expectation has not been realized,[18] though the character of a particular fragment cannot always be adequately judged because of its condition.

85. The system of recording readings from Hebrew manuscripts has been described above § 60 (cf. also § 55), and in this apparatus too the abbreviations pm/sm indicate any change, addition, erasure, writing in the margin, between the lines, etc.[19] For the significance of absence of vocalization in a vocalized manuscript, see above, Chapter III, note 97. In this apparatus a dot indicating doubt has been inserted above a letter only if there was reason for suspecting a variant; otherwise it would have been necessary to add many such dots because of slight blemishes in the photographs.

---

13. Naturally, additions etc. of *waw*, obvious errors and omissions have not been recorded. We have weighed each case and might, perhaps, add that the data of other apparatuses have been take into consideration. For instance: the omission of כל would not rate an entry (according to the remark, above Ch. III, n. 62). But 2_{16} it has been noted because of the data in the context of those verses in Apparatus II.

14. Ginsburg paid attention to vocalization; Kennicott did not. Hence a vocalized reading may be quoted from G, whereas K seems to offer the same — but unvocalized. In such a case we quote [K] in brackets. Cf. 11_{14}.

15. These notations are no substitute for counting. They were added in order to convey some idea of the numbers. For that reason we were not particular in this instance and even counted editions if they helped to add up to the total necessary for (mlt). In other cases, however, no attention was paid to editions.

16. This notation is, for instance, of importance in case a word is added or omitted in two parallel members, so that the reader may realize whether it is the same manuscript that shows the changes.

17. For Oxf d 64, 1–2 we have used for the moment Kahle's notation E b 10.

18. Cf. *TL* xi; *BMU* 35 f. This problem will be dealt with elsewhere.

19. We have not bothered to note these details in regard to the material which has been recorded eclectically only.

VI. APPARATUS IV: SPELLING, VOWELS AND ACCENTS

86. The variants recorded in this apparatus usually do not affect the text in the sense that there are changes in the meanings and forms. They are concerned with *minutiae* in spelling, vocalization or accentuation, which differ in witnesses which otherwise are identical. These details have hardly any influence on our understanding of the context,[1] but it is they that determine the status of a 'Massora Codex': the accuracy of the scribe in these minor details, which are of importance, on the face of it, only for liturgical use, may determine the value of the manuscript as a whole, An investigation of this kind seems meaningful only if carried out in regard to a small pre-selected group. For it is doubtful if there would be any advantage in assembling together the differences in *plene* and defective spelling, variants in vocalization and differences in accents and *metheg*-signs from all the known manuscripts without prior differentiation.[2]

87. The choice of the Aleppo Codex as the basic text for this edition determines, in fact, the group of sources which may be usefully compared. For the purpose of this apparatus we have limited the witnesses from the points of view of type and period:[3] we are interested in manuscripts that are close to the tradition of the Aleppo Codex, as opposed not only to non-Tiberian traditions, but also to Tiberian *non-receptus* (Ashkenazi?),[4] Tiberian-Sefardi,[5] Tiberian-Yemenite,[6] etc., and also to later manuscripts which differ in certain details.[7] This apparatus, therefore, records the ancient witnesses of the Tiberian 'Ben-Asher'[8] type on the one hand and compares, on the other hand, ancient representatives of other types, as well as the later developments of the Tiberian tradition, as it finally took shape in Jacob Ben-Ḥayyim's *Biblia Rabbinica*, which became the basis of later editions.[9]

88. The sources for this apparatus are divided into the following groups:[10]
a) Manuscripts ל (Leningrad) and ק (Cairo)
b) Manuscripts ש (Sassoon) and נ (New York)
c) Manuscripts פ (Petersburg) and ר (Reuchlinianus)
d) Manuscripts ג (collated by Ginsburg)
e) The edition מ (The second *Biblia Rabbinica* (מקראות גדולות).

89. The details are as follows:
a) Manuscripts ל and ק are the only ones that are considered to be expressly connected

1. Variants which may influence the sense have been noted in Apparatus III.
2. Cf. *TL* x. We hope to publish a study of various types of manuscripts and their vocalizations. Only then will the manifold possibilities become obvious.
3. Under these circumstances the rule of thumb *recentiores non deteriores* does not apply; cf. *BMU* 31 f.
4. The possible special connection between the *non-receptus* tradition and the 'Ashkenazi' area has been suggested in *RTBT* §41. This suggestion seems to receive some further support from the study of the 'Worms *Maḥzor*' just published by M. Beit-Arye in *Leshonenu* 29 (1965), esp. p. 99.
5. The problem of 'Proto-Sefardi' tradition need not be gone into again; cf. *RTBT* n. 65.
6. Some sub-divisions are obvious, especially between those codices which basically follow the Ben-Asher tradition and those which offer a reflection of original superlinear vocalization. This whole question needs a special discussion.
7. We do not comment on the importance of a project which would concentrate on assembling all the differences of vocalization and accents in all the manuscripts. Our statement refers to the fact that we have not undertaken to carry out such a study.
8. In the broad sense, as explained in *RTBT* chapter VIII.
9. Cf. *ib*, p. 117.
10. For the details cf. below §97.

with the tradition of the Ben-Asher family, despite certain differences between their systems; these are the basis for the apparatus. The basic text א has been collated fully[11] with these two manuscripts, and wherever they are not mentioned in the apparatus, this means that they are completely identical with א. While it may be assumed that we were able to describe accurately the condition of א, there are slight doubts in regard to these manuscripts, especially ק, because of blemishes in the photographs we have used. Doubts have been indicated by question marks, as usual.[12] Since we have regarded the witnesses אלק as the basis of our work, we have counterchecked them in comparison with each other, i.e. wherever we found a variant in one of them, we have gone back and verified the text of the others.[13]

90. b) The method of collating the group שג differs from that of לק in that differences in the use of the 'light' *metheg* in open syllables before the accent and in words derived from the roots היה and חיה have not been recorded except in cases of special interest.[14] This difference in the method of recording is due to the following reasons:[15] a general examination shows that as early as the most ancient manuscripts there is no consistent method of using the so-called 'light *metheg*'. In contrast to the practically uniform system of using accents and other types of *metheg* ('*ga'ya*'), there was no accepted way of using the 'light *metheg*'. Apparently it was not regarded as distinctive even by the ancient Massoretes, for while the other types of *metheg* served, for instance, as an important subject of discussion in lists of 'Differences' between Ben-Asher and Ben-Naftali, variants in the use of the 'light *metheg*' were hardly mentioned. While these *methagim* are often omitted in ש,[16] as compared with א, many are added in ג; to record them all would have inflated the apparatus, with little gain. It should also be noted that, while the silence in regard to ש indicates its identity with א — just as is the case with the manuscripts לק — this does not apply to ג. This last-named manuscript has not been well preserved, and it was not practicable to indicate all the beginnings and endings of each legible portion. In regard to ג conclusions may be drawn only from express quotations, and not from silence.

91. c) Manuscripts פ and ר have been adduced especially because they are the most ancient known representatives of traditions close to the Tiberian *receptus* but are nevertheless distinct from it. Their different system prevented us, in effect, from doing more than recording differences in spelling and a few variants in vocalization. Although these manuscripts were also examined by Ginsburg,[17] they have been collated anew for this edition.[18]

92. d) According to our first plan, this apparatus was to include only variants from manuscripts up to the year 1100, which we had examined ourselves — and, on the other hand, the variants from the *Biblia Rabbinica*. However, since the variants from that edition might have

11. The *rafe*-strokes have not been recorded just as they were not recorded in our basic text. Differences in Massoretic notes and the division of sections have not been noted either (cf. above §31). Whereas the place of the *metheg* has been indicated in regard to א, no such details are given in regard to other codices.
12. Blemishes in photographs are naturally more disturbing when it comes to vowel-signs and accents. Only corrections, erasures, etc., clearly visible have been recorded.
13. Once the mutual counterchecking of אלק was finished, we did not apply the same procedure to other codices.
14. Such as a word which has two syllables which might receive a *metheg*.
15. But for our decision to offer a complete collation of the codices explicitly connected with the Ben-Asher family, we might not have recorded *metheg*-signs of that type from those codices.
16. In spite of its early age and its close relationship to אלק, codex ש has not been vocalized and accented with great accuracy, and a fair number of signs have been omitted. Obvious scribal errors have not been noted.
17. Cf. below § 97, According to Ginsburg's numbering these are codices ב and ג.
18. As for the possible overlapping with Apparatus III cf. Ch. V, n. 7.

appeared to be lacking any basis in the relatively ancient witnesses, it was decided to bridge the gap between the extremes to some extent by adding variants from manuscripts written between *ca.* 1100 and *ca.* 1200, in order to illustrate the development in the periods after the conclusion of the activity of the Massoretes. This material — unlike the witnesses up to about the end of the 10th century — had already been examined by Ginsburg. We have, therefore, quoted from ג the variants from manuscripts written in the 12th century.[19] According to Ginsburg's markings: these are ד ה ז ט י יא; according to our notation: 4 5 7 9 10 11. While the other witnesses have been fully collated within the limits mentioned, the variants from ג serve as an addendum, i.e. they were added where we had already noted a variant from one of the other witnesses. In other words, where there is agreement between all the other manuscripts and the *Biblia Rabbinica*, no variant from ג has been recorded; when the *Biblia Rabbinica* stood alone against the manuscripts — or was supported by only some of them — a 'supporting' variant from ג has been recorded.

93. e) Since it was the *Biblia Rabbinica* (ת) that served as the basis for many subsequent editions of the Bible,[20] we have taken it as the other extreme, as opposed to the early manuscripts. It thus illustrates what was regarded *de facto* as the 'Tiberian *textus receptus*'.[21] The rules for collating ת are the same as laid down in regard to שנ.

94. The order in which the sources have been mentioned in the previous paragraphs is roughly chronological; the order followed in the apparatus is based on the degree of completeness of our collations as regards each source. After the lemma (from א) the witnesses are quoted in the following order (from right to left): לקשנמפרג.[22] Variants from the 'Differences between Ben-Asher and Ben-Naftali' have been appended.[23]

95. In contrast to the way of recording differences in regard to consonants attention has been concentrated on one or two letters in a word, if the difference was one of vowels or accents. In the lemma only the letter or letters in regard to which there is a variant have been vocalized, and in quoting the witnesses, only these letters have been recorded.[24]

96. In this apparatus we have succeeded in avoiding the use of words. The original reading of a manuscript — parallel to the symbol 'pm' in Apparatuses II and III — has been marked by a raised 1 [25]; the corrected or changed reading — parallel to 'sm' — has been indicated by

19. The earliest codices examined by Ginsburg which may be considered here are from the 12th century. All the notations, as well as the dates, have been taken over on Ginsburg's authority, in spite of certain doubts. On examining the number of witnesses adduced by him for a given lemma one (or more) of the witnesses sometimes seems to be missing; we have therefore taken notice of his explicit testimony only. A sample check of his notations in regard to *metheg* and *ḥataf*-signs has, however, shown that his entries in this respect are not always reliable. We have therefore excluded these types of entries altogether, because our aim did not justify the effort to check Ginsburg's notations down to the last *metheg*.

20. Ginsburg, as is well known, intended to reproduce exactly the text of the second *Biblia Rabbinica*; but he did not succeed (cf. *RTBT* n. 10). The problem of the dependence of the text of Jacob Ben-Ḥayyim on the edition of Felix Pratensis is outside the scope of our present inquiry.

21. We have tried to point out what seem to be printer's errors, especially in cases in which the *massora* of that edition itself testifies against the text. מ"ק = *massora parva*; מ"ג = *massora magna*.

22. I.e., אלק have been collated fully; שנמ almost fully (with exception of the said type of *metheg*); פר by their very nature could only be partly recorded; ג was not rechecked by us and was recorded partially.

23. According to the edition of L. Lipschütz, *Textus* 2 (1962). We have also compared a few fragments not used by him (cf. also *RTBT* 111). Cf. now his introduction *Textus* 4 (1964), 1 f. Abbreviations: ב"א = Ben-Asher; ב"נ = Ben-Naftali.

24. Various typographical experiments have shown that this arrangement will make the differences more conspicuous. If there are readings in regard to two different details in one word, they were noted separately, according to their order.

25. That is to say, the notation ל¹ after a lemma indicates that in our opinion ל originally had

a raised 2. We have not gone into a discussion of the corrections and the reasons for them, but have liberally added question-marks.[26]

97. The sources are as follows:

א — Aleppo Codex, complete Bible, beginning of 10th century;
ג — Latter Prophets... by C. D. Ginsburg, London 1926;[27]
ל — Leningrad Codex B 19a, complete Bible, written in 1009;
מ — Second Rabbinic Bible, Venice 1524–5;
נ — MS New York, ENA 346 = JTS 232, Latter Prophets, 10th century;
פ — Codex Petersburg Heb B 3, Latter Prophets, written in 916;[28]
ק — Cairo Codex, Prophets, written in 895;
ר — Codex Karlsruhe 3 ('Reuchlinianus'), Prophets, written in 1105;[29]
ש — MS Sassoon 1053, complete Bible, 10th century.

For the Appendix (§§ 98–100) cf. Introduction in Hebrew.

that different reading and that only its corrected present reading is identifical with that of א. These signs serve to indicate additions, erasures, changes, etc.

26. The marks come after the symbols of the codices, not after the readings. Also in this case, the system of recording should not be misunderstood: in doubtful cases we always record the possible reading which differs from 𝔥. But the identity or lack of identity with 𝔥 may be equally doubtful.

27. All the codices were written about the 12th century, and they are all kept in the British Museum. Apart from the last one, they are not codices of the complete Bible. The shelfmarks are:

Harley 5720	4ג
Ar. Or. 16	5ג
Add. 21161	7ג
Add. 9403	9ג
Add. 4708	10ג
Add. 15451	11ג

28. The edition: H. Strack, *Prophetarum Posteriorum Codex Babylonicus Petropolitanus* (Petropoli 1876).

29. The edition: A. Sperber, *The Pre-Masoretic Bible* (Copenhagen 1956).

אדניך ב̇ כה אמר אדניך ויתאו המלך יפיך °

ב̇ אֲדֹנַ֣יִךְ יְהוָ֗ה וֵֽאלֹהַ֙יִךְ֙ יָרִ֣יב עַמּ֔וֹ הִנֵּ֧ה לָקַ֛חְתִּי 22 וֵאלהיך] ק: וֵ
ב̇ מִיָּדֵ֖ךְ אֶת־כּ֣וֹס הַתַּרְעֵלָ֑ה אֶת־קֻבַּ֙עַת֙ כּ֣וֹס
ל̇ 23 חֲמָתִ֔י לֹֽא־תוֹסִ֥יפִי לִשְׁתּוֹתָ֖הּ עֽוֹד׃ וְשַׂמְתִּ֙יהָ֙ ‖ לֹא־] ק: לֹ
ל̇ ל̇ בְּיַד־מוֹגַ֔יִךְ אֲשֶׁר־אָמְר֥וּ לְנַפְשֵׁ֖ךְ שְׁחִ֣י וְנַעֲבֹ֑רָה 23 ביד־] ק: בּיד־ ‖ אָמרו] ק: אָ
ב̇ ל̇ ל̇ וַתָּשִׂ֤ימִי כָאָ֙רֶץ֙ גֵּוֵ֔ךְ וְכַח֖וּץ לַעֹבְרִֽים׃ ‖ גוך] א¹: גויך ‖ לַעֹברים] ק: לַעֹ; ש: לַעֹ

22 אדניך–ואלהיך] 𝔊 divine ‖ קבעת כוס] 𝔊 τὸ κόνδυ ≈ 𝔖 ‖ reduct of synonyms (or gloss in 𝔖); hardly om (𝔊 cf v.$_{17}$) ‖ חמתי] [𝔊] om pron (cf v.$_{17}$) 23 ביד] 𝔊 num ‖ מוגיך] 𝔗 מוניך דהוו מונן ליך ↓ $_{III}$ ‖ cf 49$_{26}$ 𝔊 τῶν ἀδικησάντων σε καὶ τῶν ταπεινωσάντων σε ‖ dupl ↓ $_{II}$ (for ταπεινοῦν = √ יגה cf Lam!); possibly reflects variant מעניך ↓ $_{II}$ (cf 60$_{14}$, cf v.$_{21}$ (also 𝔖) | 𝔊$_σ$ τῶν ἀποικισάντων σε ‖ etym (הגה / [illegible]; cf II Sam 20$_{13}$), not מגליך ‖ גֵּוֵךְ] 𝔖 [illegible] גֵּוֵךְ ‖ – ‖ גוך$_\wedge$וכחוץ] 𝔊 τὰ μετάφρενά [/ μέσα] σου ἔξω ? גוכ(כ)חוץ ‖ –

22 ואלהיך] Is-a אלוהיך ‖ עמו] Is-a + וה ‖ הנה] Is-a ה² dub ‖ את כוס] Is-a אתכוס ‖ תוסיפי] Is-a לנפשכי ‖ לנפשך] Is-a + ומעניך ‖ מוגיך] Is-a ושמתיהו ‖ ושמתיהָ] Is-a 23 לשתותו ‖ לשתותה] Is-a + ? ‖ שחי] Is-a שוחי ‖ כארץ] SechTGen 28$_{14}$ (127) בארץ ↓ $_{III}$

22 עמו] 96 ו dub ‖ מִיָּדֵךְ] 30 מִיָּדֵךְ | K(sol) R(sol) מידיך ‖ את²] 96 (pm) + כוס חמ ‖ קבעת] 96 (no voc) + את 23 ושמתיה–מוגיך] 30 no voc ‖ ושמתיה] 150 (pm) ושמתיך ‖ מוגיך] K מוניך ‖ לנפשך] K אמרו לנפשך ‖ K(sol) ~ בארץ] K כארץ ‖ ונעבדה] 150 (pm)?; K(sol) ונעבדה ‖ אתי | K(sol al) שחו | K(sol al) שיחי | K(sol) שחי ‖

ובצל ג ואשם דברי בפיך כי בך חסיה נפשי כי היית עזרתה לי ° ולאמר ג ולאמר לירושלם ולאמר לציון ולאמר עליו לאמר °
שתים ב ראש פסו שתים הנה שאלתי מאתך °

16 הֵ חס | הַיָּ֗ם וַיֶּהֱמ֛וּ גַּלָּ֖יו יְהוָ֣ה צְבָא֣וֹת שְׁמֽוֹ׃ וָאָשִׂ֥ם
15 וַיֶּהֱמ֖וּ גַּלָּ֑יו א¹׃
וַיֶּהֱמ֖וּ גַּלָּ֑יו ק׃ רֵי
ו׃ בַּ
16 וָאָשִׂ֥ם] לפרג 10׃   דְּבָרַי֙ בְּפִ֔יךָ וּבְצֵ֥ל יָדִ֖י כִּסִּיתִ֑יךָ לִנְטֹ֤עַ שָׁמַ֙יִם֙
ואשים (ל-מ"ק)׃
ואשם)׃ ק: נֵ   וְלִיסֹ֣ד אָ֔רֶץ וְלֵאמֹ֥ר לְצִיּ֖וֹן עַמִּי־אָֽתָּה׃ [ס]
17 הִתְעוֹרְרִי¹ ק
עֽוּ ׀ לקשנמם ך׃   17 הִתְעוֹרְרִ֣י הִתְעוֹרְרִ֗י ק֚וּמִי יְר֣וּשָׁלִַ֔ם אֲשֶׁ֥ר שָׁתִ֛ית
ⅡⅡ הִתְעוֹרְרִי² א¹׃
ה ; ו ; ל : הִתְע֖וֹ ;   מִיַּ֥ד יְהוָ֖ה אֶת־כּ֣וֹס חֲמָת֑וֹ אֶת־קֻבַּ֜עַת כּ֧וֹס
לקשנמם ך׃
18 אֵֽין־] ל¹?? אֵ   הַתַּרְעֵלָ֛ה שָׁתִ֥ית מָצִֽית׃ אֵין־מְנַהֵ֣ל לָ֔הּ מִכָּל־
ⅡⅡ מַחֲזִיק] ק: מַֽ   בָּנִ֖ים יָלָ֑דָה וְאֵ֤ין מַחֲזִיק֙ בְּיָדָ֔הּ מִכָּל־בָּנִ֖ים גִּדֵּֽלָה׃
19 קְרָאֹתַ֔יִךְ] לק׃
ק : ק א דגושה   19 שְׁתַּ֤יִם הֵ֙נָּה֙ קֹֽרְאֹתַ֔יִךְ מִ֖י יָנ֣וּד לָ֑ךְ הַשֹּׁ֥ד וְהַשֶּׁ֙בֶר֙
Ⅱ וְהָרָעָב] ק: הָ   וְהָרָעָ֣ב וְהַחֶ֔רֶב מִ֖י אֲנַחֲמֵֽךְ׃ בָּנַ֜יִךְ עֻלְּפ֥וּ שָׁכְב֛וּ
Ⅱ אֲנַחֲמֵךְ] ק: נֵ
20 שָׁכְבוּ] ק: שָׁ   בְּרֹ֥אשׁ כָּל־חוּצ֖וֹת כְּת֣וֹא מִכְמָ֑ר הַֽמְלֵאִ֥ים
Ⅱ הַמְלֵאִים] למ: מְ
Ⅱ גַּעֲרַת] ק: גַּ   חֲמַת־יְהוָ֖ה גַּעֲרַ֣ת אֱלֹהָֽיִךְ׃ לָכֵ֞ן שִׁמְעִי־נָ֥א זֹ֨את
22 כֹּה־] לק׃ כֹּ   עֲנִיָּ֖ה וּשְׁכֻרַ֣ת וְלֹ֣א מִיָּֽיִן׃ [פ]   כֹּֽה־אָמַ֞ר

26₁₁₋₁₂ (𝕲) ; for exeg continuation of picture (ויהמו = 𝕲 ‹ﻭﻫﻠﺞ›) cf also Mark 4₃₉ | 𝕲 ὁ ταράσσων = 𝔏 ‖ idiom, cf 24₁₄, Ps 46₃₋₄ etc ; hardly רגז ; on the other hand cf 54₇₋₈ ‖ שמו] 𝕲𝔏 pers (שמי)   **16**   𝕲 temp | 𝕲 pers ‖ לנטע] 𝕲 ‹ﻫﻠﺒﻟﺔ› idiom, cf v.₁₃, 40₂₂ ; phon and semantic neutralization נטה/נטע] 𝕲 ? (cf also Dan 11₄₅ ?) ‖ ‹ﺣﻤﺍ› = 𝕲 ~ ‖ struct (causing om pron)? cf Jer 25₁₅ ‖ קבעת כוס] 𝕲 ~ cf v.₂₂ **17** חמתו–את/ה' מיד] 𝕲 ~ ‖ הַתַּרְעֵלָה–קבעת] 𝕲 reduct (or gloss in 𝕳) **18**   𝕲 pers ‖ מנהל] 𝔗 מנחמים = 𝕲𝕾 ‖ frequent exeg of ① 'lead' ; cf 40₁₁ 49₁₀ 𝕲, Ps 31₄ 𝕲 etc (and Gen 5₂₉ ?) ; on the other hand cf Lam 1₉ etc, and vv. ₁₂,₁₉ ‖ בידה] [𝕲] + ‹ﻟﻪ ﻣﺠﻤﺤﻣﺍ› ? (cf Am 7₅ ?) **19**   אנחמך] pers (לית דינחמינך אלהין אנא! 𝔗) ; ינחמך ; ‖ⅡⅢ ↓ **20** כתוא מכמר] 𝕲 ὡς σευτλίον ἡμίεφθον 'like half sodden beet' ≈ 𝕲 ! (1) ‖ possibly כתומ(ב)מר] ‹ﻭﻫﺎﻟﻣﻠﺢ ﻣﺍﻟﺍﻏﻯ› (Aram) (2)תמכה ; cf also exeg for the dangerous effect of beets which are (!) בשיל ולא בשיל (bEr 28b–29a) ‖ גערת] 𝕲 ἐκλελυμένοι ‖ slot ; possibly dupl of √ עלף (3) ; cf Lam 2₁₁₋₁₂ etc ‖ אלהיך] 𝕲 divine **21**   זאת] 𝕲 om

16 ואשם] Is-a אשים ‖ עמי] Is-a עמיא   17 שתית ... שתית] Is-a שתיתי...שתיתי ‖ 18 מנהל] Is-a מנחל ‖ והחרב] Is-a והרחב ‖ לכי] Is-a לכי ‖ קראתיך] Is-a קראכי ‖ לך] Is-a לך,   19 הנה] Is-a המה ‖ לה] לך Is-a ‖ 21 ושכרת] Is-a מוכמר ‖ מכמר] Is-a (sm) מכמר ‖ כתוא] Is-a כתו ‖ שכבו] Is-a שוכבו ‖ אנחמך] Is-a ינחמך   20 ↓ ⅢⅠ שכורת Is-a

וליסד] ובצלי ‖ K(sol) ‖ וכצל 150, בצל 30 ‖ ובצל ‖ 96 (pm) om ‖ בפיך] 96 דבר ‖ K(sol) דבר ‖ דברי] 96 **16**   ואין] 93 (pm)   18 מצית] 93 (pm) 150 (pm); K ומצית   17 קומי] 30 (no voc); K(sol) + שבי ‖ וליסד] 96   ~K(sol) והרעב והחרב ‖ ינוד] 96 ינוד ‖ ק(ו)ר(ו)אתיך K ; קראתיך] 96 30 קראאתיך ‖ 19 אין] 96; K(sol)   לכן] K(sol) שכנו K(sol) שכבו ‖ בניך] 96 בָּנֵ֫ך ‖ אנחמך] K(sol) ינחמך   20 הרעב K; 96 והרעב ‖ 21 ; ושכרה] 30 ושכרת ‖ ולא 96 om | KR לא   ועתה] ושכרת

---

(1) *hapax* in 𝕲 ; probably for ‹ﺑﻐﻣﻯ›   (2) Conceivable that Jerome's *Thoreth* inexact identification (תרד ?)
(3) Does 𝕲ₛ ἐπορεύθησαν represent חלפו ?

ה' 10 מְחוֹלֶלֶת תַּנִּין ׳ הֲלוֹא אַתְּ־הִיא הַמַּחֲרֶבֶת יָם   10 הַמַּחרבת ק: מֵ

ל'   מֵי תְּהוֹם רַבָּה הַשָּׂמָה מַעֲמַקֵּי־יָם דֶּרֶךְ לַעֲבֹר

י' 11 גְּאוּלִים: וּפְדוּיֵי יְהוָה יְשׁוּבוּן וּבָאוּ צִיּוֹן בְּרִנָּה

ג' ל'   וְשִׂמְחַת עוֹלָם עַל־רֹאשָׁם שָׂשׂוֹן וְשִׂמְחָה יַשִּׂיגוּן

ג' 12 נָסוּ יָגוֹן וַאֲנָחָה: [ס]   אָנֹכִי אָנֹכִי הוּא   12 אנכי¹ ק: אָ
      אנכי² ק: אָ
      מנחמכם ק: נ

ל' ב' חמשים שנה   מְנַחֶמְכֶם מִי־אַתְּ וַתִּירְאִי מֵאֱנוֹשׁ יָמוּת וּמִבֶּן־   מי־] לנ: מִ
      מאנוש ק: מֵ
      13 נטה

ג' ד' מל' 13 אָדָם חָצִיר יִנָּתֵן: וַתִּשְׁכַּח יְהוָה עֹשֶׂךָ נוֹטֶה   נופרג¹ 10 נטה: לי

ה'   שָׁמַיִם וְיֹסֵד אָרֶץ וַתְּפַחֵד תָּמִיד כָּל־הַיּוֹם מִפְּנֵי

ב'   חֲמַת הַמֵּצִיק כַּאֲשֶׁר כּוֹנֵן לְהַשְׁחִית וְאַיֵּה חֲמַת

ג' והאיש ב' 14 הַמֵּצִיק: מִהַר צֹעֶה לְהִפָּתֵחַ וְלֹא־יָמוּת לַשַּׁחַת   14 ולא־¹ ק: ל

ט' רפ' וכל תרי עשר 15 וְלֹא יֶחְסַר לַחְמוֹ ׳ וְאָנֹכִי יְהוָה אֱלֹהֶיךָ רֹגַע   יחסר] נ: סֵ
      לחמו] נ: מוֹ

[מעמקי] (מַיִם, מַיִם) 𝕲 ⇐ מַיִם?; hardly מים 𝔄 מן אלבחר ∥ different picture?; 𝕲 וּבֹא (cf Hi 26₁₂ 𝕲!) 10
𝕾 ܐܬܟܒܫܬ ↓ III ∥ synt exeg   10‑11   וּפְדוּיֵי] 𝕍 ῥυομένοις καὶ λελυτρωμένοις ?, וְ𝕍 [גאולים_ופדויי 𝕾
≈ 𝕲_θ (ὑπὸ κυρίου); ≈ 𝕾 ∥ exeg; struct : 𝕲 divides v. ₁₁ after עולם ‖ (ܘܗܕܝܐ), ܘܚܕܘܬܐ ≈ 𝕾
and after שמחה and dupl שמחה? (and later יגון); cf also dupl על ראשם in 35₁₀   11   ישיגון] 𝕴 ישחזון ‖
ex v. ₃ ∣ 𝕲 + pron ∥ different struct of subject — object? ∣ נסו] 𝕴 {𝔄}𝕵 pers? ∣ II ∣ 𝕴 ויסוף ∥ exeg;
but not impossible (פסו)   12   אנכי אנכי הוא] 𝕲 ܐܢܐ ܐܢܐ 𝕾 ↓ II ∥ struct; but not impossible reduct; similar
problem 𝕲 ἐγώ εἰμι ἐγώ εἰμι ∥ מנחמכם] 𝕲 pers ∣ 𝕲 + ܗܘ̇ ܐܢܐ ∥ add formula ∥ ותיראי] 𝕲 γνῶθι
τίνα εὐλαβηθεῖσα ἐφοβήθης ex 57₁₁, but possibly also ~ (את מי) (γνῶθι exeg add); ≈ 𝕴   13   𝕲 pers ↓ II ∥ cf
v.₁₂ ∥ מפני] 𝕲 τὸ πρόσωπον ∥ hapl? (היומפני) ‖ המציק–המציק] 𝕲 ≈ 𝕘 + pron ∥ ⇐ ? המציק(כ)כאשר] ד 𝕲 ≈
אשר?(¹) ≈ 𝕘? ∣ II III ∥ cf preced. lem ∥ ואיה] 𝕴 ואן וכאן = 𝕲 ≈ 𝕾𝕴 ∥ formula   14   [צעה] 𝕴 פורענא ≈ 𝕾 exeg; but
possibly (צר(ה) ↓ II ∣ 𝕘 gradiens ∥ exeg; but possibly צעד(²); cf app 63₁ ∥ ימות] 𝕲 pers   15   אלהיך] 𝕲 divine
רגע] 𝕴 זאג׳ר? נער ∥ exeg; cf Jer 31₃₅; ex? Nah 1₄; cf 50₂; cf also Ps 30₆(𝕲) 𝕾, Hi ∣ רגע] 𝕴 דניף = 𝕲 ≈ ܪܐܫ ∥

[היאה Is‑a ∥ היא Is‑a אתי ∥ אף Is‑a   10   III ↓ תנים Is‑a תנין ∥ מחללת Is‑a [מחוללת ∥
[ברנה Is‑a רבה ∥ רבא Is‑a מעמקי] III מבעמקי Is‑a ‖ 11   ופדוי³] (ופדויי)³(= ?) + ופזורי ∥ ישובו Is‑a ישובון ∣
Is‑a ברונה ∥ ראשם] Is‑a ורואשיהמה ∥ ישיגון] Is‑a ישיגו ∣ נסו] Is‑a ונס⁴   12   הוא] Is‑a ∥ YalMaPs § 69:12(341)
om ∥ מנחמכם Is‑a מנחמכמה ∥ אף] Is‑a אתי ∥ dub יתן] Is‑a נתן   13   ותשכח Is‑a ותשכחי את ∥ ויסד]
Is‑a ד dub ∥ PRK § 19(307) ms 𝔄₁ (once) om ∥ מפני] Is‑a ras + מפני ∥ כאשר] PRK § 19(308);
SER § 5(25) אשר(¹)   14   צעה] Is‑a צרה ∥ ולא] BerR § 20:10(194) בל (?evid unclear)   15   ואנכי]
Is‑a אונכי ∥ אלהיך] MidrHaggadolGen 3₁₇(106) ms ד אלהים

יום K [ים] B Eb10 תנים   10   היא] K(sol) הוא ∥ השמה ∥ השמי 150 [מעמקי] K(sol) בעמקי ∥ K ים
11 [ישיגון] ∥ ל + 30 (no voc); K(sol) לציון [ציון] 30 93 150(pm); K שמחת ∣ K(sol) בשמחת [ושמחת] 96;
K(mlt) ישיגו ∣ ר [נסו] 96; (pm); K(sol) לחמו 12 ונס ר (pm); KRG(mlt) ותיראי] 30(pm) 93(pm) 150(pm);
המעיק? 96 [המציק²] ∣ K(sol) אשר(¹) KRG (mlt) כאשר] 30 93 96 150 (pm); K עשך [עשך 13
14 [ולא¹] ר (pm); 30 (pm) 150 (pm); K לא   15   [ואנכי] 30 (pm); K(sol) ואני

(¹) *massora magna* ad Jona 1₁₄ records אשר as *sebirin* (cf *Minḥat Shay ad loc*)   (²) PesR § 33 (151b); Yal
II § 474 ממהר בפסיעתו ; but like other *midrashim ad loc* possibly *derasha* on צאה   (³) cf *Textus* 4:104
(⁴) Same reading in *Piyyuṭ* במוצאי יום מנוחה for Saturday night (for rhythmic reasons?)

ימותון ב֖ אם כמות כל האדם וישביה כמו כן ◦ קדמיה ימתון כת בתר מל ◦ לדור דורים ג֖ וישועתי ייראוך עם שמש אמר אלי (1) ◦

5 זרעי]מרג11 : זרועי	6 אֵלַי אִיִּים יְקַוּוּ וְאֶל־זְרֹעִי יְיַחֵלוּן שְׂאוּ לַשָּׁמַיִם
↓ ייחלון] ק יָ	עֵינֵיכֶם וְהַבִּיטוּ אֶל־הָאָרֶץ מִתַּחַת כִּי־שָׁמַיִם
6 עיניכם] לק עֵ	
↓ כעשן] ק כֶּ	כֶּעָשָׁן נִמְלָחוּ וְהָאָרֶץ כַּבֶּגֶד תִּבְלֶה וְיֹשְׁבֶיהָ
↓ ימותון] א1? : ימותון	כְּמוֹ־כֵן יְמוּתוּן וִישׁוּעָתִי לְעוֹלָם תִּהְיֶה וְצִדְקָתִי
	ב֖ חד מל וחד חס
7 ידעי]מג11 : יודעי	7 לֹא תֵחָת : [פ] שִׁמְעוּ אֵלַי יֹדְעֵי צֶדֶק עַם
↓ תורתי] ק תּוֹ	תּוֹרָתִי בְלִבָּם אַל־תִּירְאוּ חֶרְפַּת אֱנוֹשׁ
↓ תיראו] א1 : תיראי	
↓ ומגדפתם] ק דֻ	8 וּמִגִּדֻּפֹתָם אַל־תֵּחָתּוּ כִּי כַבֶּגֶד יֹאכְלֵם עָשׁ
8 יאכלם1] ק יֹ	וְכַצֶּמֶר יֹאכְלֵם סָס וְצִדְקָתִי לְעוֹלָם תִּהְיֶה
יאכלם2] ק יֹ	
וישועתי] ק וִישׁוּ ; נ : וְישׁוּ	
9 דרות מג4 7 10 11 : דורות	9 וִישׁוּעָתִי לְדוֹר דּוֹרִים : [ס] עוּרִי עוּרִי
	לִבְשִׁי־עֹז זְרוֹעַ יְהוָה עוּרִי כִּימֵי קֶדֶם דֹּרוֹת
↓ עולמים] ק עוֹ	עוֹלָמִים הֲלוֹא אַתְּ־הִיא הַמַּחְצֶבֶת רַהַב
↓ המחצבת] ל1 חֲ ; ש : מ : מֶחְ צֶ : מֶחָ	

6 [נמלחו] 𝕲 ἐστερεώθη ‖ στερεοῦν usual verb in connection with 'heaven'; unlikely נמתחו; possibly etym 𝔖 √ מלח ⇒ Aram √ רקע ⇒ 𝕲 / στερεοῦν (cf 𝕲 sh ܐܬܚܡܬ and Jer 38₁₁‑₁₂ מלחים 𝕲 ib. (דסבא ‖ [וישביה] 𝕲 [𝔏] οἱ δὲ ‖ נסכא⁻⁻⁻ 𝕲 [ימותון] ישבי ה' ⇐ 𝔖 ישבי הארץ ‖ inner‑𝕲 explication; hardly reflects κατοικοῦντες τὴν γῆν ‖ atten or ex context ‖ [תחת] 𝔗 תתעכב; 𝕲 ἐκλίπῃ ≈ 𝔏 ‖ context exeg, but 𝔖 possibly influenc. by preced. and following תחת; hardly ת(א)חר↓III (cf 46₁₃) or תחדל **7** [עם] 𝕲[𝔏] + pron ‖ [בלבם] 𝕲 pers ‖ **8** כצמר ... [כבגד] 𝕲 ~ ‖ [יאכלם²·¹] 𝕲 voice ‖ סס—[יאכלם¹] 𝕲 telesc; reduct ‖ [עש] 𝕲 (ὑπὸ) χρόνου ‖ exeg ('tooth of time'?); neither שע(ה) nor עת (regular rendering of עש as σής attracted by סס!); hardly etym √ עשש, nor etym אשיש (=ישיש) ‖ [צדקתי...וישועתי] 𝔏 ~ ‖ cf v.₆ **9** [עורי²] 𝕲 + Ιερουσαλημ ‖ cf n.(2) below; cf v.₁₇, 52₁ (connected with rendering of עז as constr. — cf 𝔗𝕲 — and τοῦ βραχίονός σου for ה' (זרוע ה') ‖ [דרות] 𝕲 pr ὡς ≈ 𝕲; 𝔏 pr in ‖ parall; use ‖ [הלוא—תנין] 𝕲 om ‖ homoio ‖ [המחצבת] 𝔏 percussisti ‖ inconclusive evid whether √ מחץ ↓II ‖ [רהב] 𝕲₀ πλάτος ‖ etym; not √ רחב↓II cf 30₇; different solution

[שמים] Is‑a מתחתה [מתחת] Is‑a עיניכמה [עיניכם] Is‑a שמים [לשמים] Is‑a שאו [שאו] Is‑a ras+ שאו 6 יוחלון [ייחלון] ‖ MidrTeh § 92:2(401) השמים [כי—תבלה] Is‑a כי ‖ וארץ [כעשן] Is‑a MidrTeh ib om תבלה ‖ bAbZa 17a M+ וראו מי ברא את אלה ‖ וממגדפותם [ומגדפתם] Is‑a (sm) ‖ עמתורתי [עם תורתי] Is‑a 7 sm? ל1 [לעולם] Is‑a ↓III ‖ כמוכן [כמו־כן] Is‑b ‖ אף [אף] Is‑a שנות [דורות] עוזך(2) [עז] Yal I § 233 ‖ 9 יואכולם [יאכלם] Is‑a עז [עז] Yal II § 473 ‖ וממגדפתם [ומגדפתם] Is‑b ‖ רחוב [רהב] Is‑a המוחצת [המחצבת] Is‑a היאה [היא] Is‑a (אתה) pm? אתי?

כמוכן ז[ר [כמו־כן] K(sol) תבל [תבלה] K(sol) זרעו [זרעי] 6 זרוע (sm) 30, 93 זְרֹ(ו)עִי K(sol al) וְזַרְעִי [זַרְעִי] 93 (pm) ‖ וצדקתי [וצדקתי] K(sol) ימותון [ימותון] dub מ 96 [כמו כן] 30 + כמו כן (no voc) ‖ וישועתי 30 + ‖ ימותון 96 ‖ תמותון 150 30 (pm); K תאחר [תחת] ר ; 93 (pm) 96 ; KG (mlt) תיראו [תיראו] תירא 30 (pm) תירא 7 תאחר 150 (pm) [תחת] וצדקתו [וצדקתי] K(sol) ‖ לעולם [לעולם] 30 + (no voc) וישועתי [וישועתי] B Eb10 שש [וישועתי] 30 + ‖ 8 וממגדפתם 96 [ומגדפתם] ‖ ומגדפתם [ומגדפתם] ‖ יאכלם1 [יאכלם] K(sol) יאכלנו [יאכלם] ‖ סס [סס] ‖ 9 את [את] K(sol al) הוא, K(sol) הוא 93 היא [היא] אתה

---

(1) The whole note add, partly on ras   (2) Both עוזך and *derasha* on Jerusalem ex 52₁; see MechWayhi § 3 (97); MekhRS 14₁₅ (57); קריה אללה for קדרה... in 1 𝔐ms probably coincidence

ואברכהו ב̇ בטרם תבוא כי אחד קראתיו ○ חד קמ̇ ○ כגן יהוה ב̇ כארץ מצרים וערבתה ○

נא

1 שִׁמְע֤וּ אֵלַי֙ רֹ֣דְפֵי צֶ֔דֶק מְבַקְשֵׁ֖י יְהוָ֑ה הַבִּ֙יטוּ֙
אֶל־צ֣וּר חֻצַּבְתֶּ֔ם וְאֶל־מַקֶּ֥בֶת בּ֖וֹר נֻקַּרְתֶּֽם׃

2 הַבִּ֙יטוּ֙ אֶל־אַבְרָהָ֣ם אֲבִיכֶ֔ם וְאֶל־שָׂרָ֖ה
תְּחוֹלֶלְכֶ֑ם כִּי־אֶחָ֣ד קְרָאתִ֔יו וַאֲבָרְכֵ֖הוּ וְאַרְבֵּֽהוּ׃

3 כִּֽי־נִחַ֨ם יְהוָ֜ה צִיּ֗וֹן נִחַם֙ כָּל־חָרְבֹתֶ֔יהָ וַיָּ֤שֶׂם
מִדְבָּרָהּ֙ כְּעֵ֔דֶן וְעַרְבָתָ֖הּ כְּגַן־יְהוָ֑ה שָׂשׂ֤וֹן
וְשִׂמְחָה֙ יִמָּ֣צֵא בָ֔הּ תּוֹדָ֖ה וְק֥וֹל זִמְרָֽה׃ [ס]

4 הַקְשִׁ֤יבוּ אֵלַי֙ עַמִּ֔י וּלְאוּמִּ֖י אֵלַ֣י הַאֲזִ֑ינוּ כִּ֤י תוֹרָה֙
מֵאִתִּ֣י תֵצֵ֔א וּמִשְׁפָּטִ֔י לְא֥וֹר עַמִּ֖ים אַרְגִּֽיעַ׳

5 קָר֤וֹב צִדְקִי֙ יָצָ֣א יִשְׁעִ֔י וּזְרֹעַ֖י עַמִּ֣ים יִשְׁפֹּ֑טוּ

[left-margin masora notes]

2 תחוללכם ק?] חו
‖ כי־] ל: פ
(ל¹?) כי:
‖ ואברכהו ק?
ב̤ לק?שם: ך
3 כי־] לק: פ

4 ומל(1)

4 מאתי] ק: מֵ
‖ ומשפטי] ל?²?: מ

ל וחס ג

[right-margin masora]
ל ̇ ̇ ̇
ג̇
ל
ל ב̇ חד פת
וחד קמ̇ ל
ב
ל ̇ ̇ ̇ ב
יו

ܐܟܕܐܫ ﬩ ⅌ [ואל מקבת בור ﬩ ⅌] ἦν ἐλατομήσατε...ὂν ὤρύξατε [חֻצַּבְתם...נֻקַּרְתם ‖ [חָצַבְתם...נֻקַּרְתם ‖ exeg ﬩ נֻקַּרְתם 1
reduct (or gloss in ⅌)   2   קראתיו] אחד] ⅌ εἰς ἦν καὶ ἐκάλεσα = ⅌ ? [ואקראתיו ﬩ אחד] ‖ exeg (cf also 𝔗); cf Ez
33₂₄ ‖ ↓ ₁₁₁ [וארבהו ‖ 𝔗 קריבתיה ‖ proper transl; cf 41₂,₉; not קרבתיו ‖ [קראתיו 𝔗 ‖ ואברכהו וארבהו] temp? ↓ ₁₁₁
⅌ pr καὶ ἠγάπησα ‖ probably dupl ‖ ⇐ ואהבהו [ואברכהו ‖ but cf 41₈   3   כי־ציון] ⅌ καὶ σὲ νῦν παρακαλέσω
Σιων ‖ struct; cf continued pers ‖ (כעדן וערבתה ‖ [⅌] om ‖ parall reduct ‖ [יִמָּצֵא ⅌ voice ↓ ₂ ‖ ? | ܐܟܕܐ ↓
₁₁ ₁₁₁ ↓ (ולאומי) ⇐> ⅌ ≈ ܐܟܕܐ...ܟܕܐ [עמי ולאומי] ‖ ܟܕ ≈ ... ܐܟܕܐ
cf 65₁₉, Jer 33₁₀ etc   4   [הקשיבו ⅌ dupl ‖ [עמי ולאומי] ‖ ܐܟܕܐ ... ܐܟܕܐ ≈ ⅌ (⇐> ⅌ ‖
verb and end of v. plur.; after 'listen' usually address in plur.; cf. 34₁ ‖ [ארגיע 𝔖 om | 𝔏 requiescet ≈ ירגיע]
cf ... ܝܐ עממין יזדמנון] 4-5 [ארגיע קרוב] ⅌ (~) ἐγγίζει ταχύ ‖ struct; for ܐ יסכנהא/יסכנהא ‖ exeg; cf. 𝔗 ?
rendering of verbal form cf Jer 49₁₉, Pr 12₁₉; hardly רגע] (כ)רגע 5 ‖ [קרוב 𝔖 ܟܪܒ ? קֵרַב ‖ parall, struct; but
cf 46₁₃ ‖ [ⅈּצא ⅌] + ὡς φῶς ‖ cf 62₁, Ps 37₆, Hos 6₅; cf previous v. (𝔗 (וניהור) [וזרעי] 𝔗ᵍᵍ⅌ num; see
end of v. ‖ [ישפטו 𝔗 ידנון = ⅌ₒ⅌ voice ‖ anthropom; cf ⅌ exeg ἐλπιοῦσιν (ex context)

---

1 אל [ואל ﬩ ...על Is-b ‖ על...ו] על] ﬩ חצבתם] Is-a [אביכם] Is-a אביכמה | SiphDt
Is-a [קראתיו ﬩ קרתיהו] Is-a [ואברכהו ﬩ אבינו] Is-a תחוללכמה] תחוללכם ﬩ K ms; PRK § 5(80) ms ק ; 319(365) §
אפרהו 3 ﬩ החרבתיה] Is-a ת dub ‖ וערבתה] Is-a ת sm | Is-b ב dup ‖ יִמָּצֵא] Is-a ימצאו ﬩ זמרה] Is-a + וא
ואנחה יגון נס] 4 [הקשיבו Is-a אקשיבו | TanBuPeḳudé § 8(133) ; PRK § 1(7) ; ShemR § 52:5 ; Yal I § 317
שמעו | YalMaPs § 45:21(257) (שמעי(!) [ולאומי ﬩ Sifra Millu'im (Shemini) § 15(44c) ; TanBu ib ; PRK ib ; ShemR
(אם') ib ; BamR § 12:8 ; ShirR 2₁₆ ; 3₁₁ ; 6₉ ; Yal I § 317 ; § 520 ; YalMaIs ; YalMaPs § 45:21(257) (all herm, mostly on
ולאמי | Zo III 262a 'Al-Tiḳre | (2)ולאמי ‖ YalMaPs § 23:1(155) (ולאומים (3) ‖ תורה] WaR § 13:3(278) mss דלפ +
חדשה (cf Yal I § 535 ; II § 161) ‖ מאתי] WaR ib ms כ מתי 5 [וזרעו...אלי...ל־אליו...זרעו Is-a ↓ ₁₁₁

---

1 אלי] B Eb10 (pm) אל + (pm) ורא [חצבתם-אברהם]
ואמרהו [ואם... K(sol) om ‖ הביטו] K(sol al) + ראו (pm) ‖ הביטו-נקרתם] B Eb10 (pm) אלי 1
KR | איים [עמי ﬩ K(sol al) + את 4 ‖ [נחם²] נחם 30 K(sol) + את ﬩ [נחם¹]; 30 96 נחם ‖ [נחם¹ נחם² ﬩ ר] ; 30 (pm) om 2
3 [נחם¹ ﬩ ר]; 30 96 [קראתיו B Eb 10 (pm) קראו ﬩ וארבהו] 93 , נארבהו¹ no voc ﬩ פ (pm) ואמרהו
KR (mlt) לאמים ולאומי | 96 ז dub ‖ [עמים] 30 no voc ; K(sol) עמי | 30 (sm)? ‖ [עמי] 30 (pm) ; KR [ולאומי] 93 (pm) ; האזינו] 96 ‖
KR גוים 5 ﬩ צדקי] K(sol) [יצא ﬩ 30 + יצא צדקי (no voc) מפי ~ 96 ‖ [ישעי] K(sol) [וזרעי] 150 (pm) וזרועאי
עמי [עמים] K(sol al) 96 ; ﬩

---

(1) waw added   (2) cf also <i>Minḥath Shay ad loc</i>   (3) The <i>derasha</i> itself, however, assumes ולאומי

13 לא־1] לק: לֹ ‖ ויהודה] לק: וְ ‖ לא־2] לק: לֹ
14 משלוחַ] ל: ח
15 והֶחרים] ק: הֶ
16 והָיתה] ק: הָ ‖ מֵאשור] לק: מֵ ‖ הָיתה] ק: הָ ‖ לְישראל] ק: לְי

ל אֶפְרַיִם לֹא־יְקַנֵּא אֶת־יְהוּדָה וִיהוּדָה לֹא־יָצֹר
ל 14 אֶת־אֶפְרָיִם: וְעָפוּ בְכָתֵף פְּלִשְׁתִּים יָמָּה יַחְדָּו
ג מל יָבֹזּוּ אֶת־בְּנֵי־קֶדֶם אֱדוֹם וּמוֹאָב מִשְׁלוֹחַ יָדָם
ל ל 15 וּבְנֵי עַמּוֹן מִשְׁמַעְתָּם: וְהֶחֱרִים יְהוָה אֵת לְשׁוֹן
ל יָם־מִצְרַיִם וְהֵנִיף יָדוֹ עַל־הַנָּהָר בַּעְיָם רוּחוֹ
ל ב 16 וְהִכָּהוּ לְשִׁבְעָה נְחָלִים וְהִדְרִיךְ בַּנְּעָלִים: וְהָיְתָה
מְסִלָּה לִשְׁאָר עַמּוֹ אֲשֶׁר יִשָּׁאֵר מֵאַשּׁוּר כַּאֲשֶׁר
ג הָיְתָה לְיִשְׂרָאֵל בְּיוֹם עֲלֹתוֹ מֵאֶרֶץ מִצְרָיִם:

inner-𝔖; שנער otherwise always [Syriac] 14 ועפו] 𝔗 ויתחברון; 𝔖 [Syriac] ‖ exeg (𝔗 reflecting follow. יחדו?); cf 𝔗 60_8; cf Zeph 3_9, also Ez 29_{18}; however not impossible ⇐ [Syriac] ‖ בְּכָתֵף] verss constr (vocal?) and num ‖ פלשתים‿ימה] 𝔊 פלשתים ∧ ימה? ‖ struct ‖ ומואב... ובני עמון] ‖ 𝔊 add πρῶτον ... πρῶτοι—exeg, may reflect שנית of v_{11}; cf Dan 11_{40-41}; hardly dupl of (בני) קדם ‖ ידם] [$𝔊_α$] ידו; [$𝔊_{σθ}$] ידיו 15 והחרים] 𝔗 וייבש ≈ 𝔊 καὶ ἐρημώσει = 𝔖 [Syriac] = 𝔏 *et desolabit* והחריב ↓ $_{II}$ ‖ verbs in verss render √ חרב, but in 𝔖 also √ חרם; in 𝔊 elsewhere (Ez) both ἀπολλύναι and ἐρημοῦν render √ חרב, whereas ἀπολλύναι in Is (inter alia) = √ חרם; opposition חרב : חרם apparently neutralized in $37_{11,18}$; cf also Jer 25_9; cf √ חרב Ex 14_{21} (cf lem below) ‖ לשון] 𝔊 om ‖ בעים...] 𝔊 ... βιαίῳ ≈ 𝔖 ... [Syriac] = 𝔏 *in fortitudine* ... בעֹז? / בעֹצֶם? ‖ motif of 'strong wind' Ex 14_{21}; similarity of sounds 𝔍-𝔊 probably accidental; however, the base – עי – may have been understood as ① 'strong'; cf Jer 49_3 עי — $𝔊_σ$ ἰσχύς; traditional interpr. derives from √ אים (!) ‖ רוחו] 𝔊 om pron ↓ $_{II\ III}$ ‖ part of preced exeg ‖ והכהו לשבעה נחלים] 𝔊 καὶ πατάξει ἑπτὰ φάραγγας ‖ geogr. exegesis? possibly om pron ‖ והדריך בנעלים] 𝔗 ויהכון ביה בסנדלין ≈ 𝔊 ὥστε διαπορεύεσθαι αὐτὸν ἐν ὑποδήμασι ≈ 𝔏 ≈ 𝔄 pers and/or + pron ↓ $_{II}$ ‖ exeg and synt adapt cf also 𝔖 16 עמו] 𝔊𝔏 ← עמי ‖ אשר ישאר מאשור] 𝔊 ἐν Αἰγύπτῳ ‖ exeg (cf end of v.); cf $v._{11}$ ‖ ביום] 𝔊 ὡς ἡ ἡμέρα כיום ↓ $_{III}$ ‖ reflex. of (untransl.) כאשר

14 פלשתים] Is-a פלשתיים ‖ יבוז] Is-a ובזוו **15** והחרים] MidrTeh § 92:2 (401) והחריב ‖ ים] ib הים ‖ ידו] Is-a ידיו ‖ רוחו] Is-a רוח ‖ לשבעה] Is-a לשבעת ‖ והדריך] Is-a + ras ‖ בנעלים] Is-a ב dub **16** עלתו] Is-a עלותו + ras ‖ מארץ] Is-a מ dub

‖ את1] 30 (pm) om ‖ יָצֹר] 30; G יצור ‖ את2] K om **14** ימה] 150 (pm) om ‖ יחדו] 96 ו dub + ras ‖ מִשְׁלוֹחַ] ר; 30 93 96; [K] G (mlt) מִשְׁלַחַ **15** על] 150 (pm); K(sol) אל ‖ הנהר] 150 (pm) הנחל | K(sol) הים הנהר ‖ רוחו] K(sol) רוח ‖ לשבעה] 96; K(sol) בשבעה **16** אשר] K(sol) ואשר; K(sol al) כאשר ‖ יִשָּׁאֵר] *G* Alliance I A 127 יַשְׁאר ‖ ביום] K כיום ‖ ביום עלתו] K(sol) בעלותו ‖ מארץ מצרים] K ממצרים

8   יֹאכַל־תֶּבֶן׃ וְשִׁעֲשַׁע יוֹנֵק עַל־חֻר פֶּתֶן וְעַל   ל חס | ה יאכל־] לק׃ ֗

9   מְאוּרַת צִפְעוֹנִי גָּמוּל יָדוֹ הָדָה׃ לֹא־יָרֵעוּ וְלֹא־   ל ֗ג ֗ב | לא־] לק׃ ל
יַשְׁחִיתוּ בְּכָל־הַר קָדְשִׁי כִּי־מָלְאָה הָאָרֶץ

10   דֵּעָה אֶת־יְהוָה כַּמַּיִם לַיָּם מְכַסִּים׃ [ס] וְהָיָה
בַּיּוֹם הַהוּא שֹׁרֶשׁ יִשַׁי אֲשֶׁר עֹמֵד לְנֵס עַמִּים
אֵלָיו גּוֹיִם יִדְרֹשׁוּ וְהָיְתָה מְנֻחָתוֹ כָּבוֹד׃ [פ]   ב חס | מנחתו ק׃ ג

11   וְהָיָה ׀ בַּיּוֹם הַהוּא יוֹסִיף אֲדֹנָי ׀ שֵׁנִית יָדוֹ לִקְנוֹת   אדני] לקש׃ ד
אֶת־שְׁאָר עַמּוֹ אֲשֶׁר יִשָּׁאֵר מֵאַשּׁוּר וּמִמִּצְרַיִם   מאשור ק?׃ מֵ
   וממצרים ק׃ מֵ
וּמִפַּתְרוֹס וּמִכּוּשׁ וּמֵעֵילָם וּמִשִּׁנְעָר וּמֵחֲמָת   ומחמת ב״א =
   ל | ג ; 11 10 9 ׃ ב״נ

12   וּמֵאִיֵּי הַיָּם׃ וְנָשָׂא נֵס לַגּוֹיִם וְאָסַף נִדְחֵי יִשְׂרָאֵל   ל ֗ג
וּנְפֻצוֹת יְהוּדָה יְקַבֵּץ מֵאַרְבַּע כַּנְפוֹת הָאָרֶץ׃   מארבע ק׃ מֵ | ל

13   וְסָרָה קִנְאַת אֶפְרַיִם וְצֹרְרֵי יְהוּדָה יִכָּרֵתוּ   ֗ג חס | וצררי ק׃ צֹ ;
   לקשמ׃ ר

ἅμα also enters third clause in [𝔊]   8   ושעשע יונק] 𝔊 καὶ παιδίον νήπιον 'an infant child' ‖ exeg change of v. (cf apparant om of גמול in parall); hardly om ושעשע. possibly παιδίον for παῖζον (cf 𝔊₆)   𝔊 [על חר פתן ܥܠ ܚܘܪ 'with a basilisc' ‖ hardly om חר; possibly ⇐ Aram בחרחרמא, which might explain the choice of a "second" ܚܘܪ in parall; however מאורת (hapax!) might reflect etym of מאורת (see below) ‖ [מאורת ...חזו ≈ 𝔊σ (reconstr) ≈ 𝔊? ܚܘܪ (see above)? מראת] etym; hardly מאורת ↓ III; tradition of ℨ reflected in A; גלגלי עיני following חזו in ℨ hardly reflects num ↓ II III; see also Zach 14₁₂ (and cf Sifra Beḥukkotay §2:2) ‖ כמים רבים ℨ ≈ 𝔊σα? ≈ 𝔐 num ↓ II(1)   9   [בכל 𝔊 om? ↓ II ‖ [כמים ὡς ὕδωρ πολύ 𝔊 (111a) ‖ exeg; common expression ‖ [צפעוני 𝔊   10   [והיה 𝔭 om ‖ us   [ביום ההוא Rom 15₁₂ ‖ ⇐ ? לים(מ)מכסים(2) ‖ num 𝔊 [לים om ‖ [אשר 𝔊 pr ו ‖ om   [לנס 𝔊 ἄρχειν ‖ theol exeg, probably in connection with added ו above; hardly לנס' ⇐ [לנס'יא /(3) לנס[יך]   11   [שנית 𝔊 δεῖξαι ‖ שנות unlikely; no evid for שאת; slot: motif of God's hand (Exodus and Red Sea; cf v.₁₅); see however app v.₁₄; cf Si 33 (36)₆   [לקנות 𝔊σ ζηλῶσαι ? לקנ[א]ות ‖ cf v.₁₃   [שאר 𝔊 τὸ καταλειφθὲν ὑπόλοιπον ‖ dupl, possibly due to allitteration ‖ [שאר... אשר ישאר oppose v.₁₆! ‖ [ומפתרוס־הים ...𝔊 καὶ Βαβυλωνίας καὶ Αἰθιοπίας καὶ ἀπὸ Αἰλαμιτῶν καὶ ἀπὸ ἡλίου ἀνατολῶν καὶ ἐξ 'Αραβίας ‖ partly different name list (and ∼)? פתרוס missing, unless identified and incorporated in preceding 'Egypt'; מחמת ⇒ ἀπὸ ἡλίου (+ ἀνατολῶν); cf v.₁₄; cf possibly Gen ‖ ܘܡܢ ܫܒܐ 𝔊 [ומשנער ‖ ומהדו ℨ ‖ cf Est 1₁ etc ‖ [ומכוש ℨ ‖ מערב ⇐? מערב] cf app 10₉ ‖ מאיי הים ⇐ 11₂

[מלאה Is-a   בהר Is-a [בכל הר   9   מאורות צפעונים Is-a [מאורת צפעוני   ושעשע Is-a   וישעשע 8   [עמים 10   BerR § 97 (1212) ms ח העמים Is-a [גוים   והיתה Is-a [והיא   (pm?) [והיה 11   [את Is-a   (pm) om   12   נשא Is-a [ונשא   (ש dub) [לגוים   לגואים Is-a [יקבץ   Is-a ץ sm [מארבע כנפות Is-a   13   יכרתו Is-a כ sm [מכנפות

[מאורת 8   ר; KG q מאירת/מאורת ; K מאירת | 150 (pm) מאורות | ר + נחש (marg)   9   [ירעו ר 150 dub; 30 ; ר [אדני 11   עמים K(sol) גוים K(sol) יהיה | 93 + ras K(sol) [עמד 10   ? ras + 93 ‖ יריעו ‖ ישחיתו] 93 + ras   ה' | K(sol) אדני ה' sm 150 ש [מאשור ‖ וממצרים K ממצרים [ומפתרוס 96   מפתרוס K מעילם (pm); K 150 [ומעילם ‖ מעילם 12   ואסף] 30 (no voc) + נס לגוים K [ונפצות 96   ונפצות | K(sol) יכנס   13   [יקבץ ‖ וצררי 96 וצררי [מכנפות

(1) 𝔊 interprets possibly גמול [צפעוני   (2) In view of usual interpr. רהב ܝܡܐ/ܬܗܘܡܐ (cf. e. g. 51₉; Job 26₁₂ and in the light of bBBa 74b כמימרבמלים(מ)מכסם perhaps ⇐ אל תקרי לים מכסים אלא לשרה של ים מכסים   (3) cf, however, midrashic connection with נשיא in Ez 37₂₅ etc (YalMaIs)

ישפוט ℷ מל ולא למראה עיניו והוא ישפוט רמים ישפוט הבעד ערפל ישפוט ° ימית ☙ גאל הדם וחביר֗ו ואת עמי את עבדו והיה הנמלט ב
בו וברוח אם שוט °

1 מִגֶּזַע[א?לקשמפ: ℷ	‫ס‬	יא ℷ‫ וַיֵּצָא חֹטֶר מִגֵּזַע יִשַׁי וְנֵצֶר מִשָּׁרָשָׁיו יִפְרֶה:‬ ‫ 1‬
‫ מִשָּׁרְשָׁיו] ק: שֶׁ‬		
2 רוּחַ֗[²א: רוּחַ	‫ ל‬	‫ וְנָחָה עָלָיו רוּחַ יְהוָה רוּחַ חָכְמָה וּבִינָה רוּחַ‬ ‫ 2‬
3 וַהֲרִיחוֹ] ק: נֶ	‫ ℷ ל‬	‫ עֵצָה וּגְבוּרָה רוּחַ הַדַּעַת וְיִרְאַת יְהוָה: וַהֲרִיחוֹ‬ ‫ 3‬
‫ בְּיִרְאַת] קפ: בְּי‬		
‫ יִשְׁפּוֹט[¹א:	‫ ℷ מל‬	‫ בְּיִרְאַת יְהוָה וְלֹא־לְמַרְאֵה עֵינָיו יִשְׁפּוֹט וְלֹא־‬
‫ יִשְׁפֹּט:‬		
‫ וְלֹא²־] לק: ל‬	‫ ל‬	‫ לְמִשְׁמַע אָזְנָיו יוֹכִיחַ ' וְשָׁפַט בְּצֶדֶק דַּלִּים‬ ‫ 4‬
4 וְהִכָּה־] מ: ה	‫ ℷ מל‬	‫ וְהוֹכִיחַ בְּמִישׁוֹר לְעַנְוֵי־אָרֶץ וְהִכָּה־אֶרֶץ‬
5 וְהָיָה] מℷ₁₀: וְהָיָה֗	‫ ו ד ה‬	‫ בְּשֵׁבֶט פִּיו וּבְרוּחַ שְׂפָתָיו יָמִית רָשָׁע: וְהָיָה‬ ‫ 5‬
‫ וְהָאֱמוּנָה] ק: הֶ‬	‫ ל‬	‫ צֶדֶק אֵזוֹר מָתְנָיו וְהָאֱמוּנָה אֵזוֹר חֲלָצָיו ' וְגָר‬ ‫ 6‬
		‫ זְאֵב עִם־כֶּבֶשׂ וְנָמֵר עִם־גְּדִי יִרְבָּץ וְעֵגֶל וּכְפִיר‬
	‫ ל‬	‫ וּמְרִיא יַחְדָּו וְנַעַר קָטֹן נֹהֵג בָּם: וּפָרָה וָדֹב‬ ‫ 7‬
	‫ ℷ‬	‫ תִּרְעֶינָה יַחְדָּו יִרְבְּצוּ יַלְדֵיהֶן וְאַרְיֵה כַּבָּקָר‬

1 [מְשָׁרָשָׁיו 𝕲 ἐκ τῆς ῥίζης ≈ 𝕲 ‫ܡܢ‬ = [מ]שרשו || משרשיו || num (phon) 𝕷 || יפרה 𝕲 ἀναβήσεται = 𝕷
ascendet ; 𝕲 ‫ܢܦܘܩ‬ || exeg as against 10₃₄; hardly יפרח; cf however app 45₈   2   [ה' ¹ 𝕲𝕷 divine
𝕷 [ה' ²] 𝕲𝕷 om | cf 33₆; perhaps 𝕾 ex v.₃; however pietas (and εὐσέβεια ?) may reflect יראת ה' as one
concept   3   והריחו] ℨ ויקרבניה || exeg; √ קרב prop verb (cf vv.₅,₁₂), hardly הניחהו | 𝕲 ἐμπλήσει
αὐτὸν πνεῦμα = 𝕷 || exeg; paraphrase of הריח (from רוח, cf Ex 31₃); not rendering of הריחו, הניחו | 𝕲
[במישור] 𝕾‫ܒ‬‫ܬܪ‬‫ܨܘ‬ || hardly הזריחו but inner-𝕲 ⇐ 𝕾‫ܒܬܪܘܨ‬ || [ה' 𝕲 divine 𝕷 [ולא¹] ℨ 𝕲𝕷 om ↓ ₃   4   [במישור
ℨ [ארץ ²] 𝕷 ↓ ₂₂ || [הארץ 𝕲 ? [ארץ¹] 𝕷 ↓ ₂ || exeg change in beginning of v., (ex Jer 22₁₆?)⁽¹⁾
𝕲 om || in parall with   [ימית ℨ מאית יהי ? ימות‬ - || ₅ - אזור... אזור] 𝕷 lexical variations in verss
[וכפיר (~) || 6   חגור (not אסור!) hardly suggest once   ‫וכפיר ומריא 𝕲 καὶ ταῦρος καὶ λέων... βοσκηθήσονται‬
;וכפיר ופר ימרוא / וכפיר ומריא ימרוא (~) || 𝕾 ‫ܢܬܒ ... ܘܬܘܪܐ ܘܫܘܪܐ ܘܐܪܝܐ‬ ;ומריא ימרוא/ופר וכפיר ימרוא
𝕷 et leo et ovis... morabuntur ימרוא ומריא וכפיר (כר!) ovis not || combined evidence highly suggests that a verb
is read by 𝕲𝕾𝕷 i.e. (א)ימרו or ימראו (↓ ₁₁ and cf app 49₁₁); the different possibilities for a third noun leave
doubt whether readings or secondary add (choice of morari in 𝕷 possibly reflects √ מרא); ℨ וַיִּתְמַע might
suggest rendering of יחדו as a verb (וְחָדוּ?); however slight possibility that all renderings as verbs only parall
7 ופרה] 𝕷 vitulus פר? || influence of vitulus = עגל v.₆ and possibly of βοῦς 𝕷 [יחדו 𝕲 ἅμα ... καὶ ἅμα = 𝕲
|| (יחד(ו)/יחדו ⇐) יחדו dupl, understood as belonging to both the preceding and the following clause ;

2 [רוח חכמה Is-a sm 𝕷 [וגבורה Is-a ר dub || bSan 93b F; BerR § 97 (1213) ms ℷ ותבונה ↓ ₁₁ cf possibly herm
PRE § 3; Yal I § 412; II § 935 ; YalMaIs)   3   [והריחו Is-a ²ו dub 𝕷 [ולא למראה Is-a א sm
[בשבט 𝕷 [הארץ Is-a | [לעני הארץ Is-a לעניי הארץ] עניי ה) (sm [לעני ארץ Is-a | [ארץ² Is-a 𝕷   4   [אזני Is-a אונו | [אזני Is-a עניו | [עיניו 𝕷
[והיה 5 ימות Is-a יומת | PesR § 37 (163a) (also herm?) [ימית Is-a יָמֹת רָשָׁע | [פיו Is-a + [פיו 𝕷 בשט Is-a (pm)
במה Is-a [בם || ימרו Is-a [ומריא || Is-a lac [זאב] || [והאמונה Is-a ואמונה 6 [האמונה Is-a ²ו dub 𝕷
ורבצו Is-a [ירבצו || Is-a ת dub [תרעינה 7

1 [משרשיו K(sol) מ‫ש‬רש 2 [ותבונה K(sol) ובינה 3 [ולא¹ 150 (pm); KRG(mlt) לא [אזניו 150
(pm) + ה' 4 [פיו ו 96 dub 5 [מתניו 150 (pm) | במתניו | 30 (no voc) והיה 6 [ועגל 30 (no
voc) + אריה

⁽¹⁾ Inner-𝕲 change ταπεινούς/ἐνδόξους possibly reflects 𝕲-Targ variants חשיבי/חשיכי

שנונים ג אשר חציו חציך שנונים חצי גבור שנונים °

ל   מָאֲסוּ אֵת תּוֹרַת יְהוָה צְבָאוֹת וְאֵת אִמְרַת   מָאֲסוּ ק] מֶ 24

ל   קְדוֹשׁ־יִשְׂרָאֵל נִאֵצוּ: עַל־כֵּן חָרָה אַף־יְהוָה 25

בְּעַמּוֹ וַיֵּט יָדוֹ עָלָיו וַיַּכֵּהוּ וַיִּרְגְּזוּ הֶהָרִים וַתְּהִי   אית בפס אלף בית   הֶהָרִים לק?] הֶ 25

ל   נִבְלָתָם כַּסּוּחָה בְּקֶרֶב חוּצוֹת בְּכָל־זֹאת לֹא־

שָׁב אַפּוֹ וְעוֹד יָדוֹ נְטוּיָה: וְנָשָׂא־נֵס לַגּוֹיִם 26   וְנָשָׂא־ ק?] נָ 26

מֵרָחוֹק וְשָׁרַק לוֹ מִקְצֵה הָאָרֶץ וְהִנֵּה מְהֵרָה   מֵרָחוֹק ל¹ק?] מֶ

קַל יָבוֹא: אֵין־עָיֵף וְאֵין־כּוֹשֵׁל בּוֹ לֹא יָנוּם וְלֹא 27   אֵין־עָיֵף וְאֵין־ כושל ב"א=ב"נ 27

יִישָׁן וְלֹא נִפְתַּח אֵזוֹר חֲלָצָיו וְלֹא נִתַּק שְׂרוֹךְ   ב אם מחוט

נְעָלָיו · אֲשֶׁר חִצָּיו שְׁנוּנִים וְכָל־קַשְּׁתֹתָיו 28   קַשְּׁתֹתָיו ק¹שפרג 4 10 קשתותיו; מפ² שָׁת

דְּרֻכוֹת פַּרְסוֹת סוּסָיו כַּצַּר נֶחְשָׁבוּ וְגַלְגִּלָּיו

כַּסּוּפָה: שְׁאָגָה לוֹ כַּלָּבִיא וְשָׁאַג כַּכְּפִירִים 29   יִשְׁאַג ק

וְיִנְהֹם וְיֹאחֵז טֶרֶף וְיַפְלִיט וְאֵין מַצִּיל · וְיִנְהֹם 30

עָלָיו בַּיּוֹם הַהוּא כְּנַהֲמַת־יָם וְנִבַּט לָאָרֶץ וְהִנֵּה   כְּנַהֲמַת־ ל¹ק?] נָ 30 וְהִנֵה־ ק] וְהִנֵה־

חֹשֶׁךְ צַר וָאוֹר חָשַׁךְ בַּעֲרִיפֶיהָ:   בַּעֲרִיפֶיהָ ק] בַּ

---

25 [על כן 𝕲 καὶ ‖ cf v._26; cf also v._14 ‖ [ה'] 𝕲 divine ‖ [עליו ויכהו] 𝔖𝕲 pers ‖ [נבלתם] num 26–30 𝕲 pers 26 init] 𝕲 pr τοιγαροῦν ‖ cf v._25 ‖ [מרחוק] 𝕲 + καὶ τοῖς ἐγγύς ‖ exeg add cf 57_19 27 [בו] 𝕲 om pron ↓_II ‖ [צור/צ־ר (or variant pattern) ↓_II ‖ [עליו] 𝔖𝕲𝔐? num ↓_III 28 [וכל] 𝕲 om כל ‖ [כצר] verss interpr ‖ [נפתח] 𝕲𝔖 voice ‖ [נחשבו] 𝔖𝕲𝔓 om ‖ parall ‖ [וגלגליו] 𝕲 οἱ τροχοὶ τῶν ἁρμάτων αὐτῶν ‖ parall; cf perhaps 28_27-28 29 [שאגה לו ו...] 𝕲 ὁρμῶσιν... καὶ παρέστησαν ‖ exeg⁽¹⁾ cf Num 23_24 (perhaps also Dt 33_22); hardly any of the roots שעט, יצב, נשא, שאה, שאף, יצג represented ‖ [ככפירים] num ↓_III q ושאג/ישאג] hardly any of the roots ... [כלביא...] ‖ num ↓_III ‖ ב"א ישאג ↓_III ‖ struct ‖_II ↓ [וינהם־וינהם ↓_III ‖ [כלביא−וינהם 𝕲 ‖ ‖ חשך ↓_III [ונבט] {ז} 𝕲𝕾 pers; 𝔏 aspiciemus? 30 [וינהם] 𝕲(!) om ו ↓_II ‖ [וינהם ויאחז] 𝕲 ~ ‖ struct ‖_II ↓ [צר [ז]? ≈ 𝕲𝔖 ‖ [ואור חשך] 𝕲 om ↓_III ‖ context exeg ‖ [בעריפיה] 𝕲 ἐν τῇ ἀπορίᾳ αὐτῶν 'in their dismay'; context exeg (cf verss); possibly sound imit transl; not indicating √ ערפל, עלף

{4Q_p-b} ‖ [כסוחה] Is-a ותהיה ‖ [ותהי] Is-a (pm) ‖ [ידיו] ? ‖ [ידו¹] Is-a ‖ [צבאות] 4Q_p-b om 25 ‖ [את] Yal II § 404 om ‖ [עיף] Is-a יעף ‖ [לוא] Is-a לו ‖ [לגוים] Is-a לגואים 26 ידו²] Is-a ידיו ‖ [חוצות] 4Q_p-b החוצות ‖ [נפתח] Is-a נפתחה 27 ‖ [כצר] Is-a כצור 28 ‖ [בו] Is-a om ‖ [לא] Is-a לוא ↓_III ‖ [ולוא] Is-a ‖ ישאג/ושאג] q 29 ‖ [ככפירים] Is-a וככפירים ‖ [וינהם] Is-a ינהם ‖ [ויאחז] Is-a (pm) ויוחז? 30 ‖ [וינהם] Is-a עליו ‖ [ביום ההוא] Yal ib; YalMa ib om ‖ [עליהם] II § 864; YalMaPs § 106:3 (163)

[ההרים] ‖ [ישראל] פ (pm) om | 96 ר dub 25 [ידו¹] K(sol) ידיו ‖ [ויכהו] 30 (pm) om | [וירגזו] 93 ז dub ‖ [הרים] 26 ‖ [ונשא] 96 (pm) + לו ‖ [מרחוק] ר (pm) om ‖ [ושרק] 96 ושרק ‖ [קל] 150 (pm) om | 96 קול 30 ‖ [אין] 96 ולא ‖ [לא] 96 ולא ‖ [ינום] 150 ינוס ‖ [ישן] 96 150 (pm); K(mlt) ישן 27 [אזור] K(sol) אחד 96; 93 (pm); ר [ושאג/ישאג] q 96 ‖ [חציו־וכל] 29 om 30 ר 96 (sm); K(sol) נעלו [נעליו] 28 ‖ [נתק] 96 (pm?) ינתק ‖ [ככפירים] K(sol) כפיר ‖ [וינהם־טרף] 96 (pm) ויטרוף 30 [חשך] 96 (pm) 150; KG(mlt) ישאג ‖ [בעריפיה] 96 בעריפה; 93 ב dub ‖ [בעריפה] om

---

(1) cf. *Textus* 3:145

עבות בֿ מל וכעבות העגלה יהוה צדיק קצין ∘

הָעֲגָלָה] ק: הֶ 18	הַשָּׁוְא וְכַעֲבוֹת הָעֲגָלָה חַטָּאָה : הָאֹמְרִים 19
הָאֹמרים] ק: א 19	יְמַהֵר ׀ יָחִישָׁה מַעֲשֵׂהוּ לְמַעַן נִרְאֶה וְתִקְרַב
וְנֵדָעָה] לֿ: וְנֵדָעֶה	וְתָבוֹאָה עֲצַת קְדוֹשׁ יִשְׂרָאֵל וְנֵדָעָה ׃ [פ]
הָאֹמְרִים] ק: הֶ 20	הוֹי הָאֹמְרִים לָרַע טוֹב וְלַטּוֹב רָע שָׂמִים חֹשֶׁךְ 20
בֿ האור	לְאוֹר וְאוֹר לְחֹשֶׁךְ שָׂמִים מַר לְמָתוֹק וּמָתוֹק
ג מיחד(1) 21 בְּעֵינֵיהֶם] לק: עֶ	לְמָר ׃ [ס] הוֹי חֲכָמִים בְּעֵינֵיהֶם וְנֶגֶד 21
נבונים] ק¹פרג₅ : נבונים	פְּנֵיהֶם נְבֹנִים ׃ [ס] הוֹי גִּבּוֹרִים לִשְׁתּוֹת 22
גבורים] קשמג₄ : גברים	יַיִן וְאַנְשֵׁי־חַיִל לִמְסֹךְ שֵׁכָר ׃ מַצְדִּיקֵי רָשָׁע 23
	עֵקֶב שֹׁחַד וְצִדְקַת צַדִּיקִים יָסִירוּ מִמֶּנּוּ ׃ [פ]
כָּאֱכֹל] ק: קֶ 24	לָכֵן כֶּאֱכֹל קַשׁ לְשׁוֹן אֵשׁ וַחֲשַׁשׁ לֶהָבָה יִרְפֶּה 24
וַחשש] ק: וַ	שָׁרְשָׁם כַּמָּק יִהְיֶה וּפִרְחָם כָּאָבָק יַעֲלֶה כִּי
לֶהבה] לק: לֶ	
כָּאבק] ק: קֶ	
יַעלה] ל¹ק: יֶ	

‖ (2) ‖ ὡς σχοινίῳ μακρῷ ‘like a long cord’ = 𝔖 ⲁⲃⲗⲉ ⲥⲃⲗⲁ ⲁⲓⲥⲉ exeg (Aram אשוא ‖ בחבלי השוא ‖ אשוא, אשוא etc); however possible reading כ- for ב- (also 𝔖g) but cf parall ↓ ‖ III ‖ וכעבות ‖ 𝔖 καὶ ὡς ζυγοῦ ἱμάντι ‘like with a strap of the yoke’; dupl (cf Job 39₁₀, Ps 2₃ ; hardly על ⇐ עגלה ‖ הָעֲגָלָה ‖ 𝔖 δαμάλεως (הָעֶגְלָה) ‖ exeg (sin of the calf?) 19 ‖ יְמַהֵר ‖ 𝔖 τὸ τάχος = 𝔖 ⲙⲉⲕⲃⲁⲗⲁ ‖ מהר ‖ synt exeg ‖ יחישה 𝔖 ‖ exeg in parall ; cf similar add. of divine in 𝔖L (etc) MSS after ποιήσει which hardly represents יʼ ‖ יחיש ה׳? ⲛⲁⲙⲃⲁⲗⲁⲥ ⲙⲃⲁⲗⲁⲥ ‖ מה עשה יʼ ‖ מ(ה)עשהו ‖ מעשהו 𝔖 ā ποιήσει? ‖ synt var ; cf preced. lem ‖ ותקרב 𝔖 om ‖ reduct into ἐγγισάτω above ↓ ‖ ישראל 𝔖A om ↓ ‖ cf however om קדוש in v₂₄ 𝔖A ‖ ונדעה] ⲧⲟⲟ + pron (ונדעה) ‖ synt var; cf in 𝔖 above add of pron 20 ‖ לאור ~ ואור לחשך (ⲛⲉⲥⲃⲁⲗⲁ) 𝔖 ‖ [𝔖] ~ ↓ ‖ III ‖ a largely diff. [𝔖] transposes also מר-למר ↓ ‖ II ‖ cf also exeg ⲝ 22 ‖ גבורים 𝔖 οἱ ἰσχύοντες ὑμῶν נבוריכם ‖ גבוריכם 23 ‖ וצדקת] 𝔖x num ‖ num ↓ III ‖ ממנו] ⲝⲉ (!) pers (מנהון) ‖ 𝔖 om ‖ exeg 24 ‖ וחשש 𝔖 καὶ συγκαυθήσεται ‖ context exeg; cf 𝔖 ⲇⲁⲓⲥⲁ ? ; but possibly verbal form of √ אש ↓ ‖ II ; cf also √ חרש in Jona 4₈ ‖ 𝔖y θέρμη = 𝔏 calor ‖ cf above (understood as nominal form) ‖ ירפה] ⲝ מסגי? ירבה?/יפרה? ↓ III ‖ exeg (under influence of following √ פרח; cf e.g. Ex 9₉ ‖ 𝔏 exurit ‖ context exeg; hardly conceivable ידפה (⇐ ⲅⲇ) nor שרפה ‖ כמק] 𝔖 ὡς χνοῦς ‘like dust (of chaff)’ ‖ parall exeg, cf ⲝⲟⲟ ; hardly קמץ

ובעבותות ‖ השוא] Is-a השי ‖ וכעבות] SiphNum § 112(120); bSuk 52a vp 1ms ↓ III ‖ וכעבותות bSan 99b F ‖ ישראל ‖ ותקרב] Is-a ותקרבה ‖ נראה] WaR §16:1(343) ms 1 נדע ‖ יחישה] Is-a יחיש ‖ 19 העגלה] ib עגלה ‖ WaR ib om ? ‖ לטוב] Is-a (pm) ולטוב ‖ 20 ונדע] Is-a ונדעה ‖ לרע טוב ~ ולטוב רע] bSot 47b 1ms ~ ‖ 21 בעיניהם] Is-a (pm) ביניהם ‖ 23 שחד] Is-a שחוד ‖ יסירו] Is-a יסירו | BerR § 65:5(715) most mss (bis); Yal I § 113 ; II § 404(bis) (all also herm?); YalMaIs (herm?) יסירו ↓ III ‖ 24 כאכל] BamR § 7:5 ‖ ירפה] TanMeṣora‘ § 4 msSass ‖ להבה] Is-a לוהבת לוהבת ‖ ואש] Is-a ‖ וחשש ↓ III ‖

ותקרב 96 [ותקרב ‖ לא K(sol) ‖ למען] K(sol) 19 ‖ ובעבת ‖ וכעבותות K(sol) ‖ וכעבות] כ 150 dub; KR(mlt) ‖ וכעבות] 18 חשך לאור ~ ואור לחשך] 96 no voc ‖ ואור לחשך K(sol) ~ ‖ עצת] 96 om ‖ ונדעה] 30 (pm) om? ‖ חשך־שמים] 96 no voc 20 ‖ (ה)צדיק KR צדיקים] K ‖ למש(ה)ך למסך 23 ‖ למסך] 96 (pm) לשתות ‖ מתוק? 93 (pm) ומתוק ‖ 22 ‖ קש] 30 (no ‖ באכל כ 93 dub; K כאכל] 24 ‖ יסירו/יסירה] G T-S A 10, 12 q יסורו ‖ K יסורו 150 (pm); K ‖ יסירו ‖ יפרה K(sol) ‖ ירפה] 96 ירפא | K יפרה ‖ וחשש להבה ‖ ר לשון] ר ; 96 וַחֲשַׁשׁ ‖ {ר} וַחֲשָׁ‐‐ 96 ‖ וַחֲשַׁשׁ ‖ voc) + voc)

(1) Mass. note sm   (2) cf *Textus* 3:139

המונו ג̇ מל ואת רכבו ואת המונו והמונו צחה צמא בן אדם אמר ° הדרה ב̇ וירד הדרה והמונה ויצא מן בת ציון °

12 ידיו] א^1: ידו — 13 יְדָ֣יו לֹ֣א רָא֔וּ׃ לָכֵ֛ן גָּלָ֥ה עַמִּ֖י מִבְּלִי־דָ֑עַת וּכְבוֹדוֹ֙

ג̇ מל ל̇ ל̇ — 14 מְתֵ֣י רָעָ֔ב וַהֲמוֹנ֖וֹ צִחֵ֥ה צָמָֽא׃ לָכֵ֗ן הִרְחִ֤יבָה

14 שְׁאוֹל] מ: שְׁ ⁞ וּפָעֲרָה] ק: פָ ; מג$_{10}$: פַ ⁞ וַהֲמוֹנָהּ] ק: ן — ל̇ — שְׁאוֹל֙ נַפְשָׁ֔הּ וּפָעֲרָ֥ה פִ֖יהָ לִבְלִי־חֹ֑ק וְיָרַ֨ד

ב̇ ל̇ ל̇ ל̇ — 15 הֲדָרָ֧הּ וַהֲמוֹנָ֛הּ וּשְׁאוֹנָ֖הּ וְעָלֵ֥ז בָּֽהּ׃ וַיִּשַּׁ֥ח אָדָ֖ם

15 גבהים] ש: הִ — ל̇ — 16 וַיִּשְׁפַּל־אִ֑ישׁ וְעֵינֵ֥י גְבֹהִ֖ים תִּשְׁפַּֽלְנָה׃ וַיִּגְבַּ֛הּ

16 הקדוש] ק: ה ⁞ נקדש] — ח̇ ל̇ ד̇ — יְהוָ֥ה צְבָא֖וֹת בַּמִּשְׁפָּ֑ט וְהָאֵל֙ הַקָּד֔וֹשׁ נִקְדָּ֖שׁ

ק?ג$_{10}$ 11: דַ — ל̇ ב̇ חד חס וחד מל — 17 בִּצְדָקָֽה׃ וְרָע֥וּ כְבָשִׂ֖ים כְּדָבְרָ֑ם וְחָרְב֥וֹת מֵחִ֖ים

18 מֹשכי] ק: מְ ⁞ הֶעון] ל: הֶ — 18 גָּרִ֥ים יֹאכֵֽלוּ׃ [ס] ה֛וֹי מֹשְׁכֵ֥י הֶעָוֺ֖ן בְּחַבְלֵ֣י

13 דעת] ‖ exeg: 𝔗 + אוריתא ; 𝔊 + τὸν κύριον; κύριος might, however, represent the following וכבודו missing in 𝔊 (מבלי דעתו כבודו?) ⁞ וּכְבוֹדוֹ] 𝔗 ויקיריהון = $𝔊_{\sigma\varepsilon}$ καὶ οἱ ἔνδοξοι αὐτοῦ = 𝔏 *et nobiles eius* = 𝔄 וכראמהם ‖ exeg | 𝔊 om unlikely, see preceding lem; just conceivable that πλῆθος ἐγενήθη also represents וּכְבֻדּוֹ? (cf Ex 8_{20}?) with parall reduct of והמונו; see also lem דעת above and lem הדרה v.$_{14}$ | 𝔖 [Syriac] ↓$_{II}$ ‖ see 𝔊 ⁞ מְתֵי] 𝔗𝔏 מֵתוּ ? (⇐ מֵתֵי) ≈ 𝔊 νεκρῶν ≈ $𝔊_{\sigma\varepsilon}$ 𝔖 מֵתֵי ‖ context exeg ⁞ והמונו] 𝔖 [Syriac] וְהָמְנוּ ? ↓$_{II}$ ‖ parall; cf follow. lem and lem וכבודו ⁞ צחה צמא] ‖ 𝔊 δίψαν ὕδατος '(by) thirst of water'; exeg slot; not: המים ⇐ המונו (graph), nor 𝔊–Targ צחה מיא ⇐ צחה (צ)מא | 𝔖 [Syriac] ‖ parall om **14** לכן] 𝔊 καί ‖ cf v.$_{13}$ ⁞ לבלי חק] ‖ 𝔊 τοῦ μὴ διαλιπεῖν 'incessantly', exeg; cf 𝔗 ולית סוף ⁞ הדרה–בה] 𝔊 οἱ ἔνδοξοι καὶ οἱ μεγάλοι καὶ οἱ πλούσιοι καὶ οἱ λοιμοὶ αὐτῆς ≈ 𝔖 [Syriac] ≈ 𝔏 ‖ context exeg (personification); hardly ἔνδοξοι ex untransl. כבודו of v.$_{13}$ (cf 𝔗 יקיריהון); nor (⇐ אדיריה) אדרה for הדרה; nor ערץ ⇐ עלז (because עלז ① לץ, ערץ), cf also 𝔗 ...דתקיף, 22_2 (𝔖), 24_8 (𝔗𝔖), 29_5 etc; but possibly עלוה (⇐ עליזיה); 𝔖 possibly om one member (? ושאונה); 𝔏 *sublimes* not ⇐ גאון but etym √ שא (cf $𝔊_{\sigma\theta}$ ἔπαρσις ?) **15–16** temp ↓$_{II}$ **15** ועיני גבהים] 𝔊 καὶ οἱ ὀφθαλμοὶ οἱ μετέωροι = 𝔖 [Syriac] ‖ exeg; hardly ⇐ ועיני' גבה'; cf app 2_{11} **17** כְבָשִׂים] 𝔊 οἱ διηρπασμένοι ‖ parall; possibly כבושים ↓$_{II}$; just conceivable ex כדברם (Aram √ דבר; cf $𝔊_{sh}$ [Syriac], $𝔊_{\alpha\sigma}$ ...(ἀπ)ἀγωγήν...) in which case ὡς ταῦροι ⇐ √ בשן (midrashic connection with Mi 7_{15} in bPes 68_a merely coincidental); cf lem גרים ⁞ כדברם] 𝔗 כמא דאמיר עליהון vocal? ‖ cf bPes ib כמדובר בם | 𝔊 ὡς ταῦροι ‖ probably exeg, since 'grazing' needs new 'subject'; not impossible כְּאַבִּרָם⇐כדברם; hardly כְּפָרִם nor transcr. | 𝔖 [Syriac] ≈ 𝔏 *iuxta ordinem suum* ≈ 𝔄 כסבילהא ‖ all exeg √ דבר, possibly vocal; 𝔖 ? בדברם, 𝔄 hardly ? כדרכם, in spite of apparent support EchaRBu1_6 (70): כשהן רכים אתה מושלן לכבשים ⁞ מֵחִים] 𝔊 τῶν ἀπειλημμένων '...that are taken away', but probably orthogr var for ἀπηλειμμένων (① מחה) | 𝔖 [Syriac] ‖ read or exeg מֻחָיִם (cf e.g. Neh 3_{34}; also bPes ib herm) ⁞ גָּרִים] 𝔊 ἄρνες ? כָּרִים / ? גְּדָיִם ‖ possibly indirect witness to כבשים above; unlikely Hebr cognate for Acc (*a*)*gūratu* ('lamb') **18–23** 𝔏 pers **18** העון... חטאה] 𝔗𝔖 ≈ $𝔊_{\alpha}$𝔖[𝔄] num | 𝔖 + pron

ידיו] 4Q p-b ידו **12-13** ידיו–גלה] Is-a lac ל̇ה̇[ ] **13** גלה] bSan 92_a *M* יגלה ⁞ מבלי דעת] ARN$_{II}$ § 5(18) ms ר אין כבוד ⁞ דעת] bSan 92_a *Fv*; MidrHaggadolGen 27_{12} (471); YalMaPr 23_{29} (43_a) הדעת ↓$_{III}$ ⁞ וכבודו] Is-a וכבודי | 4Q p-b וכבדו ⁞ צחה] {4Q p-b} צחי ↓$_{III}$ **13-14** צחה–הרחיבה] Is-a lac רחיבה]] **14-15** לכן–בה ~ וישח–תשפלנה] bSot 48_{a-b}; YalMaIs (all herm?) ~ **14** נפשה] bSan 111_a *F* פיה ⁞ לבלי] ib לבלתי ⁞ הדרה] SER § 18(108) 'Al-Tiḳre חדרה ↓$_{III}$ ⁞ ועלז] Is-a [ ]יעלֹ | 4Q p-b עליֹז ⁞ בה] 4Q p-b בא **15** וישח] Is-a ישח **17** כבשים] Is-a כבושים ⁞ כדברם] Is-a (pm) דדברם ? **18** משכי] bSan 99_b 1ms (pm) מושך ⁞ העון] Is-a (pm) עוון

13 דעת] 93 96 (sm); K הדעת ⁞ צִחֵה] ר צחא ; 96 (pm) 150 (pm); R(sol) צ(י)חי **14** שאול] 30 (no voc) + פיה ⁞ הדרה] 96; K חדרה ⁞ ועלז] 150 ז dub | 96 (pm) ועלוז ? **15** תִּשְׁפַּלְנָה] 96 תִּשְׁפָּלְנָה **16** נִקְדָּשׁ] 30 93 96; G(mlt) נִקְדַּשׁ ↓$_{IV}$ **17** כדברם] ר כ dub

וטובים ג̇ ב מל וחד חס והשיב יהוה באזני יהוה צבאות בכל מקום עיני ° משתיהם ג̇ והיה כנור בחמם אשית את ויהי המלצר נשא °

שַׁעֲשׁוּעָיו וַיְקַו לְמִשְׁפָּט וְהִנֵּה מִשְׂפָּח לִצְדָקָה
8 וְהִנֵּה צְעָקָה׃ [פ] הוֹי מַגִּיעֵי בַיִת בְּבַיִת
שָׂדֶה בְשָׂדֶה יַקְרִיבוּ עַד אֶפֶס מָקוֹם וְהוּשַׁבְתֶּם
9 לְבַדְּכֶם בְּקֶרֶב הָאָרֶץ׃ בְּאָזְנָי יְהוָה צְבָאוֹת
אִם־לֹא בָּתִּים רַבִּים לְשַׁמָּה יִהְיוּ גְּדֹלִים וְטוֹבִים
10 מֵאֵין יוֹשֵׁב׃ כִּי עֲשֶׂרֶת צִמְדֵּי־כֶרֶם יַעֲשׂוּ בַּת
11 אֶחָת וְזֶרַע חֹמֶר יַעֲשֶׂה אֵיפָה׃ [ס] הוֹי
מַשְׁכִּימֵי בַבֹּקֶר שֵׁכָר יִרְדֹּפוּ מְאַחֲרֵי בַנֶּשֶׁף
12 יַיִן יַדְלִיקֵם׃ וְהָיָה כִנּוֹר וָנֶבֶל תֹּף וְחָלִיל וָיַיִן
מִשְׁתֵּיהֶם וְאֵת פֹּעַל יְהוָה לֹא יַבִּיטוּ וּמַעֲשֵׂה

ב̇ מל ב̇ ל̇
ד̇ וכל אורית דכות ו̇
ה̇ ל̇
ב̇
ג̇
ל̇
ב̇ ב̇
ל̇ ל̇(1)
ג̇ ל̇ ל̇

7 שַׁעשועיו] ש1מפג11 : שעשעיו; ק: שַׁ ‖ משפח] שר: מספח (ש-מ״ק: משפח)
8 והושבתם] לק: הוּ
9 וטובים] שרג4: וטבים
11 מאַחרי] ק: אַ

7 ויקו] pers (ואקו) ‖ cf v. 4 (also for following ποιῆσαι etc. ↓ III ‖ לצדקה] 𝔊 καὶ οὐ δικαιοσύνην (ו)לאצדקה ‖ negation spelled ל ? 8 עד אפס מקום] 𝔗 עד דנחסין כל אתר 'until we take possession of every place'; 𝔊 ἵνα τοῦ πλησίον ἀφέλωνταί τι 'so that they may take away something of the neighbour's'; 𝔖 [Syriac] ‖ פס–אפס ① 'take (by force)'; cf. app. 52 4 ; Dan 8 25 𝔖 etc.; cf also 𝔗 חקל אונסא earlier in v.; not √ אסף (rendered by ἀφαιρεῖν only in 'אסף חרפה'); hardly πλησίον מקרב (⇐ מקום: graph) ‖ והושבתם] 𝔗 ? {𝔖} (= 𝔄?) וישבתם ↓ II ; 𝔊 μὴ οἰκήσετε = 𝔏 הֲישבתם ‖ *hof'al* rare, sometimes rendered as if *qal* 9 באזני] 𝔊𝔖 ? באזני ↓ III(2) | 𝔗≈𝔊≈𝔖 + √ שמע ‖ various exeg attempts (as against the different attempts of 𝔏, 𝔄) cf 22 14 ↓ II ‖ אם – יושב] 𝔊 ἐὰν γὰρ γένωνται οἰκίαι πολλαί εἰς ἔρημον ἔσονται μεγάλαι καὶ καλαί καὶ οὐκ ἔσονται οἱ ἐνοικοῦντες 'for if there be many houses, they shall be for desolation – the large and fair ones; and there shall be no inhabitants' ‖ struct ‖ גדלים וטובים] 𝔖 om ‖ מאין יושב (or similar expression) usually follows word for desolation directly ‖ יושב] ⟦𝔊⟧ + pron ‖ cf (however) Jer 48 9
10 כרם] 𝔊 βοῶν ? פָּרִם ‖ ζεῦγος βοῶν (צמד בקר!) usual expression, cf e.g. I Reg 19 21 ; כרם hardly hinted at by choice of following κεράμιον ‖ וְזֶרַע] 𝔊 καὶ ὁ σπείρων וְזֹרֵעַ ‖ personif. in parall 11—12 𝔏 pers
11 שכר] 𝔊≈𝔖≈𝔄? ושכר 12 והיה] 𝔏 om ‖ synt var; cf next lem ‖ ויין] 𝔊𝔖𝔄 יין ‖ struct (𝔊𝔖 turn to verbal clause); verss turn instruments into adv. compl. (adding 'and' before תף ↓ II) ‖ פעל] 𝔊𝔖 num ↓ II ‖ יביטו ...ראו] temp ? ↓ II III ‖ ומעשה] 𝔊𝔏 num ↓ II

שעשועיו] Is-a שעשועו ‖ משפח] Is-a למשפח ↓ III 8 מגיעי] EchaRBuIntr § 22(16) (bis) מגיע ‖ בבית] Is-a בית ‖ והושבתם] Is-a וישתם (⇐ ?וישבתם) ‖ לבדכם] Is-a ל dub? 9 באזני] Yal II § 401; § 402 pr הוי–בבקר] ונגלה ‖ לשמה יהיו] bBer 58b *sv* ~ 10 אחת] Is-a אחד ‖ וזרע – יעשה] Is-a lac שה] וזר] 11 הוי–בבקר] Is-a lac בֹ[בקר] ‖ משכימי] BerR § 36:4 (338) ms משכימים ל ‖ מאחרי] Is-a מאחזי ‖ ידליקם] {4Q p-b} ידלקם 12 כנור–ויין] Is-a lac י[ין] ‖ תף] 4Qp-b ותוף | bShab 119b *s* om ‖ ויין] 4Qp-b יין | bShab ib om ‖ ואת] bShab 75a 1 ms את כל | ib *M* אל ↓ III ‖ פעל] Is-a פעלת ‖ יביטו] Is-a; 4Q p-b; bShab 75a most mss; YalMaIs (once) הביטו ‖ ומעשה] {4Q p-b} ומעשי | bShab 75a *O* ואת מעשה | ib *M* ובמעשה

שעשועיו] 96 שַׁעֲשׁוּעָיו ‖ ויקו] 30 (no voc) + לעשות ענבים ויעש באשים ‖ משפח] ר; 30 93 150 (pm); KG (mlt) מספח ↓ IV | 96 למספח 8 מגיעי] 96 ג dub ‖ יַקְרִיבוּ] 30 יַקְרִיבוּ ‖ וְהוּשַׁבְתֶּם] 96 וְהֻשְׁבְתֶּם | K(sol) והושבתים; R והושבתם 9 באזני] 30; R באזני ‖ רבים] 96 רב·ים ‖ וטובים] K(sol) + יהיו 10 צמדי] 96(pm) עמדו 12 וחליל] 150 (sm); K חליל ‖ ואת] 96 150 (pm) את; 30 ואל ‖ יביטו] ר (sm?); 93 (sm) 96; KR (mlt) הביטו | פ (pm) יביט

(1) Refers probably to ונבל (2) Yal II § 356 may be interpr. as refer. to באזני, but cf wording in I § 732

ולא עשיתי בּ מה לעשות עוד לכרמי ותחס עיני עליהם משחתם °

ה 1 אָשִׁירָה נָּא לִידִידִי שִׁירַת דּוֹדִי לְכַרְמוֹ כֶּרֶם

2 הָיָה לִידִידִי בְּקֶרֶן בֶּן־שָׁמֶן וַיְעַזְּקֵהוּ וַיְסַקְּלֵהוּ

וַיִּטָּעֵהוּ שֹׂרֵק וַיִּבֶן מִגְדָּל בְּתוֹכוֹ וְגַם־יֶקֶב חָצֵב

3 בּוֹ וַיְקַו לַעֲשׂוֹת עֲנָבִים וַיַּעַשׂ בְּאֻשִׁים וְעַתָּה

יוֹשֵׁב יְרוּשָׁלַם וְאִישׁ יְהוּדָה שִׁפְטוּ־נָא בֵּינִי

4 וּבֵין כַּרְמִי מַה־לַּעֲשׂוֹת עוֹד לְכַרְמִי וְלֹא

עָשִׂיתִי בּוֹ מַדּוּעַ קִוֵּיתִי לַעֲשׂוֹת עֲנָבִים וַיַּעַשׂ

5 בְּאֻשִׁים וְעַתָּה אוֹדִיעָה־נָּא אֶתְכֶם אֵת אֲשֶׁר

אֲנִי עֹשֶׂה לְכַרְמִי הָסֵר מְשׂוּכָּתוֹ וְהָיָה לְבָעֵר

6 פָּרֹץ גְּדֵרוֹ וְהָיָה לְמִרְמָס וַאֲשִׁיתֵהוּ בָתָה לֹא

יִזָּמֵר וְלֹא יֵעָדֵר וְעָלָה שָׁמִיר וָשָׁיִת וְעַל הֶעָבִים

7 אֲצַוֶּה מֵהַמְטִיר עָלָיו מָטָר כִּי כֶרֶם יְהוָה

צְבָאוֹת בֵּית יִשְׂרָאֵל וְאִישׁ יְהוּדָה נְטַע

Marginal notes (left):

1 לידידי²] לק: ל
2 ויעזקהו] שמ: וַ; ב"א=ב"נ: נ
ₐ ויסקלהו] מ: וַ
ₐ לעשות] ק: ל
3 יושב] מפרג₄: ישב
ₐ ירושלם] ק: רׄ
4 לעשות] ק: ל
5 אודיעה־] לק: דׄ
6 ואשיתהו] ק: נ
ₐ יעדר] ל¹: יׄ
ₐ העבים] ל²: הׄ
ₐ מהמטיר] ק: מׄ

1 דודי¹...[לידידי‖ ...רחמי (dupl) רחמי... לישראל ≈ ᵴ_θ ἀγαπητῷ = ᵴ ܠܚܒܝܒ (≈ bis); ident. transl. exeg ‖ [לכרמו] ᵴ pers? | [לכרמי] (לכרמי/לכרמו) ᵴ ‖ ᵵ | [בן] עמי..., not apposition to preced. לכרמיה, therefore not dupl | ᵵ 2 ᵵᵴ pers (see also next lem) ‖ [בין] ᵴ_θ, | בנ' (⇐) בנ' | [בארץ] ≈ ᵴ ἐν τόπῳ = ᵴ ܒܐܬܪܐ ‖ exeg; hardly (בנוה ⇐) ‖ [ויעזקהו] (Aram עזקתא 'ring'! cf. ᵴ ܣܘܓܬܐ (?)) possibly ‖ [ויסקלהו] ᵴ ἐχαράκωσα 'I fenced in' ‖ exeg after ויעזקהו ‖ [שרק] ᵴ ἄμπελον σωρηχ (cf 37₃₃ ᵴ, 62₁₀ !); hardly ‖ [גפן שרק] gloss ‖ [ויסך ל(ה)ו (cf v.₅) | ᵴ_γ pers ‖ 3 [יושב] ᵴᵴ ~ ‖ cf Jer 4₄ ‖ [num ↓ ᵢᵢ ᵢᵢᵢ ‖ in spite of plural for parallel איש in ᵴᵴ and in spite of transl. ad sensum, יושבי not impossible (cf e.g. Jer above) ‖ [ביני] ᵴ ἐν ἐμοὶ ‖ בי? ‖ abbrev? ‖ [יושב ירושלם ~ ואיש יהודה 3 בי' ‖ ואשונינו רטישין ᵵ לו ᵴᵴᵴ ↓ ᵢᵢᵢ ‖ parall ↓ ᵢᵢ; rectio 5 [פרץ [הסר... 6 pers ↓ ᵢᵢ ‖ [ואשיתהו בתה 4 [בו ᵵ 'I shall make them forsaken'; ᵴ καὶ ἀνήσω τὸν ἀμπελῶνά μου 'I shall forsake my vineyard'; cf ᵴ,ᵴ,ᵴ ‖ exeg ‖ [ולא ᵢᵢ ᵵᵴᵴ [לא] ᵵ not √ שבת (ואשיתהו); cf also the sound imit. transl. ἀνεπίβατον (ᵴ_σ), ἄβατον (ᵴ_θ) ‖ [ועלה] ᵴ ≈ ᵴ + pron

1 [נא Is-a om ‖ [היה Is-a היהא ‖ [בקרן tSuk § 3:15 (270) ms א בבעל א 2 [ויסקלהו Is-a ‖ שפוטונה Is-a [שפטו־נא ‖ ישבי רלד SiphDt § 306 (328) mss [יושב Is-a; 3 ויבן... ויעשה... Is-a ‖ [ויבן... ויעש 3 ויבנא... ‖ [ועתה Is-a ואתה 5 (ויעשה ⇐) וישה Is-a ‖ [ויעש ‖ בכרמי Is-a [לכרמי 4 MidrTannaimDt 32₁ (180) om [נא ‖ [ואשיתהו ↓ ᵢᵢᵢ ‖ [והיה¹ Is-a ‖ מסוכתו? ↓ ‖ [משוכתו Is-a אסיר [הסר Is-a אתכמה [אתכם Is-a אודיע? [אודיעה Is-a ‖ [ולוא Is-a ‖ [לא ‖ ואשיתחו [ואשיתהו Is-a ‖ 4Q p-b ויהי [והיה² Is-a | ויהיה [לבער Is-a בער 6 ‖ [ואיש יהודה WaR § 32:1 (734) ms ד¹ ויהודה 7

1 [נא + שיר (no voc) 30 ‖ [לידידי² 96 ‖ [לידידי ‖ [לכרמו] 96 ‖ [לכרמי :כרמו 96 (pm) 2 [ויעזקהו 150 (pm) ‖ [ויקו ‖ בתוכה 96 (pm) [בתוכו ‖ בו 96 (pm) om ‖ [מגדל 150 (pm) מגדול ‖ [ויסקלהו 96 ‖ 3 בֻּשִּׁים 96 [באשים ‖ ויעש ‖ [יושב 30 (pm); K(sol) ‖ ישבי 96; ‖ [ועתה 96 ‖ ר; [משוכתו ‖ אודיעה נא + (no voc) 96 [אודיעה נא ‖ לו KR 5 ‖ בו 4 ‖ ויהודה ‖ [בית ישראל 7 om K(sol) (pm) 150 96 93 30 ‖ כי המטיר 96 [מהמטיר ‖ הֶעֲנָבִים 96! ‖ [הֶעָבִים ‖ מט(ר)/כתו K 6 ‖ עמו K(sol)

יחלף ד רחס והאלילים כליל בבקר כחציר ורוח על פני יחלף אם יחלף ויסגיר ○

16 הַחֲמֻדָה] ק: הֶ	17 וְעַל כָּל־שְׂכִיּוֹת הַחֶמְדָּה: וְשַׁח גַּבְהוּת הָאָדָם
	וְשָׁפֵל רוּם אֲנָשִׁים וְנִשְׂגַּב יְהוָה לְבַדּוֹ בַּיּוֹם
18 וְהָאֱלִילִים] ק: הָ	18,19 הַהוּא ׳ וְהָאֱלִילִים כָּלִיל יַחֲלֹף ׳ וּבָאוּ בִּמְעָרוֹת
יַחֲלֹף] ק: יָ	
19 וּמֵהֲדַר] ק: מֵ	צֻרִים וּבִמְחִלּוֹת עָפָר מִפְּנֵי פַּחַד יְהוָה וּמֵהֲדַר
לָעֲרֹץ] ק: לַ	20 גְּאוֹנוֹ בְּקוּמוֹ לַעֲרֹץ הָאָרֶץ: בַּיּוֹם הַהוּא יַשְׁלִיךְ
20 הָאָדָם?] ל ק¹: הָ	הָאָדָם אֵת אֱלִילֵי כַסְפּוֹ וְאֵת אֱלִילֵי זְהָבוֹ אֲשֶׁר
לְהִשְׁתַּחֲוֹת] מ:	עָשׂוּ־לוֹ לְהִשְׁתַּחֲוֹת לַחְפֹּר פֵּרוֹת וְלָעֲטַלֵּפִים ׳
הַשְׁתַּ	
וְלָעֲטַלֵּפִים] ק: לְ	21 לָבוֹא בְּנִקְרוֹת הַצֻּרִים וּבִסְעִפֵי הַסְּלָעִים מִפְּנֵי
21 בְּנִקְרוֹת] ש¹:	
בנקרת	פַּחַד יְהוָה וּמֵהֲדַר גְּאוֹנוֹ בְּקוּמוֹ לַעֲרֹץ הָאָרֶץ:
וּמֵהֲדַר] ק: מֵ	22 חִדְלוּ לָכֶם מִן־הָאָדָם אֲשֶׁר נְשָׁמָה בְּאַפּוֹ כִּי
לָעֲרֹץ] ק: לַ	בַמֶּה נֶחְשָׁב הוּא:

but exeg; cf 𝔖 (מָא:...) = 𝔐 (as elsewhere in Is) ‖ שְׂכִיּוֹת] θέαν πλοίων 'sight of ships' ‖ parall and dupl; cf Eg *škt(y)*, Ug *ṯkt* 'ship'; not ספינות 17 גבהות] 𝔊 πᾶς ‖ כל 𝔖 ‖ cf v.₁₂f 18 יחלף] pers ↓ II III ‖ note missing ו in 𝔊 beginning v. ₁₉; 𝔄 ימצ׳יהא not יחלף but attempt to solve synt difficulty 19 ובאו] 𝔊 εἰσενέγκαντες ← יָבָאו ‖ – ‖ במערות] 𝔊 εἰς τὰ σπήλαια καὶ εἰς τὰς σχισμάς ‖ dupl (or) possibly ex v.₂₁; hardly reflects add. מצד (cf app 33₁₆) ‖ 𝔖 ? במערת ? num ↓ III ‖ see v.₂₁ ‖ ובמחלות] 𝔊ₛ num ? (εἰς ὑπόκευον) ↓ III ‖ ‖ לארץ...] 𝔖 ... רשיעי למתבר dupl; possibly לערצי הארץ ⇐ לערצרצהארץ ‖ cf 11₄; 𝔖 ‖ לחפר פרות] 𝔖 ~ 𝔊 ‖ עשו] 𝔊𝔖 pers ‖ לו] 𝔊 om pron ↓ III ‖ hapl? ‖ 𝔖 pers ‖ כספו... זהבו 20 כספו] 𝔖 ~ לטעוותא ≈ 𝔊 τοῖς ματαίοις ≈ 𝔖 ܠܛܥܝܘܬܐ ‖ exeg; hardly reflects Vorlage of 𝔊ₛ below ‖ 𝔊ₛ ? ≈ 𝔏 *talpas* 'moles' ↓ II III (cf 𝔊_θ *pharpharoth*; 𝔄 לאכלי אלתחמאר 'fruit eaters'?)⁽¹⁾ ‖ exeg ‖ 𝔊_σ ἀκάρποις ← לחפרפרות→ ‖ לערץ...] see v.₁₉ ; cf Ex 33₂₂ 21 בנקרות] 𝔖 ‖ במערת] 𝔖 ? num ↓ II III IV ‖ see v. ₁₉ ; cf Ex 33₂₂ לחסר פרות see v. ₁₉ רמה 22 [(בַמֶּה 𝔖) om(*) ‖ ↓ II theol exeg ? hardly בָמֶה] 𝔏 *excelsus* ‖ כמה → 𝔊 – ‖ – ‖ כמה?/למה? 𝔖 – ‖ וכלמא 𝔖 ?

17 ושח] Is-a וישח (space?) ‖ BerR § 12:10 (109) ms ל וישח ‖ גבהות האדם] Is-a lac [הא]דם ‖ 𝔐 האדם] MechShira § 2 אנשים] ↓ III dub ? ‖ Is-a וושפל] BerR § 12:10(109) mss פ²א all ed; Yal I § 19; § 242; II § 794 אדם ↓ III ‖ Is-a (121)mss אדטכ; ונשגב – ההוא ~ והאלילים – יחלף 17-18 ras ? Is-a ו ההוא] שמו 1ms (once) ‖ ib 97a F bSan 92b יהוה] Is-a dub ‖ יחלף] Is-a lac [ ] והאלילים] Is-a lac 18 ~ YalMaIs; Zo I 164ₐ (herm?) ; Yal I § 396 (herm?); SiphDt § 315 (358) ms ה (שׁ pm) ‖ Is-a יחלופי Zo III 243ₐ ובמחלות עפר] III ↓ פחד יהוה] וה] Is-a lac [ ] לערץ] ץ sm (pm) האדם] ביום 20 Yal I § 150 pr והיה ההוא ביום] Is-a lac ההוא] ‖ ישליך] MekhRS 15₁₁ (91) ms פ ישליכו ib איש ‖ MidrTeh 97:2 (422) העם] ib om את] אשר עשו לו] Is-a lac עותיו] אשר] Is-a לחפר פרות] ‖ לחפרפרים SechTGen 26₁₉ פארות (3) 21 בנקרות] MechWayhi § 8 (142) פרות ‖ הצרים] MekhRS 15₁₁ הצרים ובסעפי] Is-a lac עפי] [ס]עפי ‖ גאונו] Is-a ג dub 22 חדלו] Is-a (pm) חדולו? לכמה ‖ במה] bBer 14ₐ; bSot 4b; Yal II § 394; § 954; YalMaIs 'Al-Tiḳre בָמָה ‖ נחשב] bSot 4b 1ms יחשב הצור (91) ‖ במה

אדם K האדם] ‖ וגבהות 96 גַּבְהוֹת ‖ כל¹]K(sol) om ‖ כל²]K(sol al) om 17 וְעַל¹–החמדה 16 במערות] ‖ יחלף]K(sol) כלול 150 (pm) כליל] ‖ ה׳ ↓ III אדם? (pm) ‖ רום] 96 (pm) 18 ובמחלות]K(sol) ובנקיקי הסלעים 30 (sm) 150 (sm) del ו 19 במערת] (voc !) del (sm) 150 ; ‖ לחפר פרות 30 (pm) ; R om לו] ~ K(sol) 20 כספו... זהבו (voc !) ובמחלת]K(sol); ובמחלת עפר 150 ; בנקרת ↓ IV (?) 30 93 (sm) 96 150 בְּנִקְרוֹת] 21 לחפרפרות K בנקרת] K(mlt) ובסעפי] ‖ 30 ; נֶחְשָׁב 30 93 96 150; G(mlt) נחשב 22 ב.מה 96 במה] ב.מה 93 מהדר 22 ומהדר 93 ובנקיקי

⁽¹⁾ Possibly name for 'fruit bats'   ⁽²⁾ cf *Textus* 4:183 contra 127   ⁽³⁾ In that context next to בארות

בצור ג̇ דגש והכית בצור בוא בצור לעד °

וְעֹנְנִים כַּפְּלִשְׁתִּים וּבְיַלְדֵי נָכְרִים יַשְׂפִּיקוּ׃ ל̇ ל̇ ל̇ ל̇
7 וַתִּמָּלֵא אַרְצוֹ כֶּסֶף וְזָהָב וְאֵין קֵצֶה לְאֹצְרֹתָיו ה̇
וַתִּמָּלֵא אַרְצוֹ סוּסִים וְאֵין קֵצֶה לְמַרְכְּבֹתָיו׃
8 וַתִּמָּלֵא ׀ אַרְצוֹ אֱלִילִים לְמַעֲשֵׂה יָדָיו יִשְׁתַּחֲוּוּ
9 לַאֲשֶׁר עָשׂוּ אֶצְבְּעֹתָיו׳ וַיִּשַּׁח אָדָם וַיִּשְׁפַּל־ ל̇
10 אִישׁ וְאַל־תִּשָּׂא לָהֶם׳ בּוֹא בַצּוּר וְהִטָּמֵן בֶּעָפָר יג̇ מל וכל שמו וכתי דכות ב̇מ ה̇ ג̇
11 מִפְּנֵי פַּחַד יְהוָה וּמֵהֲדַר גְּאֹנוֹ׳ עֵינֵי גַּבְהוּת ל̇ ל̇ חס
אָדָם שָׁפֵל וְשַׁח רוּם אֲנָשִׁים וְנִשְׂגַּב יְהוָה לְבַדּוֹ ב̇
12 בַּיּוֹם הַהוּא׃ [פ] כִּי יוֹם לַיהוָה צְבָאוֹת עַל
13 כָּל־גֵּאֶה וָרָם וְעַל כָּל־נִשָּׂא וְשָׁפֵל׳ וְעַל כָּל־ ל̇ וכל משנ̇ תורה כות ב̇מ א ו̇
אַרְזֵי הַלְּבָנוֹן הָרָמִים וְהַנִּשָּׂאִים וְעַל כָּל־אַלּוֹנֵי
14 הַבָּשָׁן׳ וְעַל כָּל־הֶהָרִים הָרָמִים וְעַל כָּל־
15 הַגְּבָעוֹת הַנִּשָּׂאוֹת׃ וְעַל כָּל־מִגְדָּל גָּבֹהַּ וְעַל ל̇
16 כָּל־חוֹמָה בְצוּרָה׳ וְעַל כָּל־אֳנִיּוֹת תַּרְשִׁישׁ

6 עֹנְנִ] לק?: עְ; לקשמ: נְ
7 לאצרתיו] ל1ק: אָ
8 לְמַעשה] ק?: מַ ‖ יִשְׁתַּחוּו] מ: יִשְׁתַּ; ק: וּו
10 בוא] ק1ר: בא ‖ בֶּעפר] לק: בֶּ ‖ ומֵהדר] ק: מֵ ‖ גאנו] ש1פ1רג4 10 11: גאונו
11 גבהות] ק: הּ
12 לַיהוה] ל1?ק: לַ ‖ גאֶה] שג11: אֶ
13 הָרמים] ק: הָ
14 הֶהרים] ק: הֶ ‖ הָרמים] ק: הָ
15 מגדל] מ פ: דָּ (מ–מ״ק: דָּ) ‖ גבה] מג4 10 11: גבוה

וענ‍נים] 𝔊 om ו ‖ struct 7-8 pers ↓ II 8 ‸למעשה ידיו‿ישתחוו‸] 𝔊‿τῶν ἔργων τῶν χειρῶν αὐτῶν‸ καὶ προσεκύνησαν‿ ‖ struct 9 תשא] 𝔊 ἀνήσω אשא ‖ theol exeg 10 pers num ‖ init] 𝔊 pr καὶ νῦν ‖ cf v. 5 ‖ fin] 𝔊 + ὅταν ἀναστῇ θραῦσαι τὴν γῆν בקומו לערץ הארץ ↓ III ‖ ex v. 19,21 11 עיני גבהות] 𝔊 οἱ γὰρ ὀφθαλμοὶ κυρίου ὑψηλοί ? גבהות (⇐ יהוה) עיני׳ י׳ (?ו ↓ II) ‖ parall ; cf end of v. | 𝔊σ ὀφθαλμοὶ ὑψηλοί ?גבהות (⇐עינים) ׳עיני ≈ 𝔊θ [𝔏] ; see app 5 15 ‖ שפל] 𝔗𝔏 pers ↓ II 12 צבאות] 𝔖 om ‖ transl of יום לה׳ as יום ה׳ (↓ III) renders צבאות superfl. ‖ נשא] 𝔊 ὑψηλὸν καὶ μετέωρον ‖ dupl and parall; ex v. 13 ? ; cf next lem ‖ ושפל] {𝔗} 𝔊 pers 13-14 𝔊 num ‖ cf v. 15 13 אלוני] 𝔊 δένδρον βαλάνου 'oak tree' ‖ dupl אלוני – אילני (cf e.g. Dan 4 7 f !) 14 הרמים] [𝔊] om (*) 15 𝔖 num ‖ cf v. 13 f 16 תרשיש] ‖ 𝔊 θαλάσσης ; hardly inner Greek corrupt. (however cf Dan 10 6 !)

6 נכרים] Is-a נכריאים 7 ותמלא1] Is-a ו dub? ‖ ותמלא–וזהב... ~ ותמלא–סוסים] MidrTannaimDt 32 15 (194) ~ ותמלא ארצם סוסים... ותמלא ארצם כסף וזהב ‖ קצה... קצה] Is-a קצ... קצ 8 ארצו] MidrTannaimDt ib ארצם 9-10 ואל־גאנו] Is-a om 9 ואל תשא] PesR § 10 (37b) 'Al-Tiḳre ולו אתה תשא (⇐? ולואתשא) 11 עיני] Is-a ועיני ‖ שפל] Is-a תשפלנה ‖ ושח] Is-a וישח 12 ועל כל נשא] Is-a ונשא 14 כל1] bSot 5b all mss ; bShebu 6b *MFv* 1ms om ↓ III ‖ הרמים] Is-a lac ים[ ] ‖ כל2] bSot 5b most mss; bShebu 6b *MFv* 1ms om ↓ III 15 חומה בצורה] Is-a lac בצורה[ ]

ובילדי] KR (mlt) וכילדי ‖ ישפיקו] ר ; 96 150 (pm); KR יספיקו 7 וַתִּמָּלֵא... וַתִּמָּלֵא] 96 וַתְּמַלֵּא... וַתְּמַלֵּא ‖ וזהב] 30 (pm) om ‖ סוסים] פ (pm) אלילים 9 וְאַל] 30 (pm) ולא 10 והטמן] 93 הטמן ‖ גאנו] 96 (no voc) + בקומו לערץ הארץ 11 ושח] 96 ח dub ‖ רום] 150 ר dub 12 לה׳] K ה׳ ‖ כל1] 96; K om 13 והנשאים] K(sol) והנשארים ‖ הבשן] ר (pm) בשן 13-14 והנשאים–הרמים] 96 (pm) om 14 כל1] K om ‖ ועל2–הנשאות] 93 om ‖ כל2] 96; K om ‖ הנשאות] K(sol) הנשארות 15 חומה] 30 (no voc) + גבוה

אל הר יֹד ומשה היה ויקם משה לא יוכל העם והיה נכון ויפסל שני עלה אל הר עלה (1) ויעל (1) מבעלה שלחו כר במראות אלהים והלכו וחבירו
והביאותים שלח אורך עד שיפוח ○ וכל אל הר הכרמל דכותהון ○ כל סיפרא על כית ועל בית בר מן ב׳ אל בית לכן כה אמר יהוה והלכו עמים ○

ישעיהו] מ : שַׁ ¹	**א** 1 הַדָּבָר אֲשֶׁר חָזָה יְשַׁעְיָהוּ בֶּן־אָמוֹץ עַל־יְהוּדָה
וירושלם] ק : רֹ	
ח בט בסיפ	2 וִירוּשָׁלָ͏ִם ׃ וְהָיָה ׀ בְּאַחֲרִית הַיָּמִים נָכוֹן יִהְיֶה
הָהרים] ל¹ק : הֶ	יֹב הַר בֵּית־יְהוָה בְּרֹאשׁ הֶהָרִים וְנִשָּׂא מִגְּבָעוֹת
וְנָהֲרוּ] ק : גָ	גֹ 3 וְנָהֲרוּ אֵלָיו כָּל־הַגּוֹיִם ׃ וְהָלְכוּ עַמִּים רַבִּים
וְהָלְכוּ] מ : וְהָ ³	
וְאָמְרוּ] ל : אָ	
וכל הכרמל דכות (2)	וְאָמְרוּ לְכוּ ׀ וְנַעֲלֶה אֶל־הַר־יְהוָה אֶל־בֵּית
בארחתיו] ק : אָ	גֹ אֱלֹהֵי יַעֲקֹב וְיֹרֵנוּ מִדְּרָכָיו וְנֵלְכָה בְּאֹרְחֹתָיו
מירושלם] ק : רֹ	יֹ כִּי מִצִּיּוֹן תֵּצֵא תוֹרָה וּדְבַר־יְהוָה מִירוּשָׁלָ͏ִם ׳
	גֹ 4 וְשָׁפַט בֵּין הַגּוֹיִם וְהוֹכִיחַ לְעַמִּים רַבִּים וְכִתְּתוּ
לא⁻] ל¹?ק : לֹ ⁴	גֹ ב׳ חד מֹל וחד חֹס חַרְבוֹתָם לְאִתִּים וַחֲנִיתוֹתֵיהֶם לְמַזְמֵרוֹת לֹא־
ולא⁻] ל² : לֹ	יִשָּׂא גוֹי אֶל־גּוֹי חֶרֶב וְלֹא־יִלְמְדוּ עוֹד מִלְחָמָה ׳
	5 [פ] בֵּית יַעֲקֹב לְכוּ וְנֵלְכָה בְּאוֹר יְהוָה ׳
מלאו] ל² : מָ	ב׳ חד מֹל וחד חֹס 6 כִּי נָטַשְׁתָּה עַמְּךָ בֵּית יַעֲקֹב כִּי מָלְאוּ מִקֶּדֶם

---

1 אשר היה אל ישעיהו [מאת ה׳] 𝔊 ὁ γενόμενος [παρὰ κυρίου] πρὸς Ησαιαν ['אשר חזה אל ישעיהו] ‖ free formula of heading?; cf Jer (𝔖 and/or 𝔊) 7₁, 9₁, 35₁ etc ‖ ו⁻ ... על] 𝔊𝔏 על ... ועל ‖ synt var   **2** ‖ והיה [𝔊𝔏 om ‖ synt om; gloss? ‖ הר בית ה׳] 𝔊 τὸ ὄρος τοῦ κυρίου καὶ ὁ οἶκος τοῦ θεοῦ ‖ conflation v. 3?; orig. only הר ה׳ ? cf Mi 4 𝔊 ‖ בראש] 𝔊𝔄 num ‖ אליו 𝔄𝔊 עליו ↓ ‖ ‖ constant var על / אל ; but cf Mi 4₁   **3** [אל² ‖ cf also 𝔗 v.₅ ‖ אורה = תורה ; ‖ וירנו 𝔊₍α₎ 𝔊₍θ₎ φωτίσει ‖ constant exeg of תורה ‖ cf Mi 4₂ ‖ ואל 𝔖𝔄𝔗₍z₎ ‖ III ↓ [מדרכיו] 𝔊 τὴν ὁδὸν αὐτοῦ ≈ 𝔏 vias suas דרכיו ‖ styl var and num (phon) (באלפן אוריתא) ‖ [לעמים רבים] 𝔊 num (cf 13₄) | עמים ! רבים ? רבים 𝔊 ‖ cf v.₃ and Mi 4₃ **4** [הגוים 𝔊] ἐθνῶν πολλῶν 𝔊 + ἔτι ‖ parall   **5** init] 𝔊 + ὅτι ‖ ישא ↓ III ‖ ‖ ולא [𝔊₍ᵃ₎[z]𝔊𝔖] ‖ ex Mi 4₃ עד⁻רחוק 𝔖𝔖𝔖 + 𝔊 ‖ 𝔊 pr καὶ νῦν [σύ] ‖ free introd. formula of allocution (in 𝔖 usually ועתה but sometimes ואתה); cf Mi 4 8,11 ‖ ישראל [𝔊 ‖ יעקב] ↓ III ‖ exeg; hardly עֲזֹף 𝔗 דחלת תקיפא דהוה פריק לכון ‖ [עמך] 𝔊 pers ‖ נטשתה עמך] **6** var of equivalent; cf v.₅ (assimil. of 𝔖 etc or dissimil. of 𝔊 ?) ‖ מלאו] 𝔗 אתמליאת ארעהון ≈ 𝔊 ἐνεπλήσθη ἡ... χώρα αὐτῶν [מקדם] 𝔊𝔖 pr כ⁻ כמקדם ; exeg; unlikely? כקדם ? cf 𝔏 [ut] olim ‖ מלאה ארצו] ex v. 7,8; pers!

---

1 [ישעיהו Is-a ‖ ישעיה Is-a ‖ וירושלם] וירושלים Is-a   **2** (3) [באחרית הימים] MidrTeh §87:3 (378) ‖ ביום ההוא Is-a ‖ [ההרים Is-a ‖ [נשא Is-a TanʿEḳev § 3 msVat + הוא ? ↓ III ‖ [אליו] עלוהי Is-a ‖ [הגוים] הגאים Is-a **3** [לכו] bPes 88a 1ms ‖ ו Is-a ‖ [ודבר] ודברו Is-a ‖ [ונלכה] ונאלכה Is-a SiphDt § 37 (73) + בית Is-a ‖ [ירנו] וירונו Is-a ‖ [הר ה׳] אל הר ה׳ Is-a om ‖ קומו dub ‖ [מירושלם] מירושלים Is-a ‖ [הגוים] הגאים Is-a (!) וה⁻ + Is-a ; ‖ [לעמים] בין עמים Is-a (pm)   **4** [ההרים Is-a bShab 63a(m) 1ms + את ‖ [וחניתותיהם וחניתותיהמ Is-a ‖ [לא] ולוא Is-a ‖ [אל גוי אלגוי Is-a

---

1 [הר] R om ‖ [אמוץ K(sol) + הנביא   **2** [והיה] ו 93 no voc, 96 ה*²* dub ‖ [נכון יהיה 96 (pm?) ∼ ‖ [ההרים / העמים graph?) (⇐ ? העים) + K(sol) ‖ [נשא] הוא + K(sol) ‖ [ונהרו] ו 96 ¹ו dub ‖ [כל K(sol) + והוה 150 (pm) ‖ ויהוה **3** [עמים K(sol al) ‖ [יעקב R(sol) ישראל ‖ [אל²ר ; ל 30 (ו 93 no voc 150 (sm); KRG(mlt) ‖ ואל 𝔊 גוים K(sol al) **4** [לא] ר ; 30 93 96 150 (pm); KRG(mlt) ‖ [בארחתיו :96 [מדרכיו] בדרכיו 30 (pm) ‖ ולא **6** [נטשתה] ר 96 ד ‖ [עמך את + (pm) ‖ [ישאו ישא + ras + (י ?) (pm) 93 ‖ [ילמדו] ר ‖ [יעקב ר ‖ [מקדם] אֲרָם 93 + om, 96 (pm) (marg) ‖ מקדם] ישראל ‖ 96 (pm)

---

(1) Both words on ras   (2) No mass. note in margin corresp. to אל⁻בית, but ras   (3) For the whole section cf Mi 4

Seven Minor Treatises: Sefer Torah; Mezuzah; Tefillin; Ẓiẓit; 'Abadim; Kutim; Gerim and Treatise Soferim II. ed. M. Higger, New York 1930.
שבע מסכתות קטנות והן: מסכת ספר תורה; מסכת מזוזה; מסכת תפלין; מסכת ציצית; מסכת עבדים; מסכת כותיים; מסכת גרים; ונלוה עליהן מסכת סופרים ב. מהדורת מ. היגער, ניו־יורק תר״ץ.

Seder Olam Rabba (Die Grosse Weltchronik), ed. B. Ratner, Wilna 1897.
סדר עולם רבה, מהדורת בער ראטנער, ווילנא תרנ״ז.

Sechel-Tob, Commentar zum Ersten und Zweiten Buch Mosis ed. S. Buber, Berlin 1900—1901.
מדרש שכל טוב על ספר בראשית שמות, מהדורת ש. באבער, ברלין תר״ס–תרס״א.

Treatise Semaḥot etc., ed. M. Higger, New York 1931.
מסכת שמחות וכו׳, מהדורת מ. היגער, ניו־יורק תרצ״א.

[Shemoth Rabba, Constantinople 1512]
שמות רבה, קושטא רע״ב.

[Shir ha-Shirim Rabba, Pesaro 1519 (Photographic ed. Berlin 1926)]
שיר השירים רבה, פיזרו רע״ט (צלום ברלין תרפ״ו).

Sifra, Commentar zu Leviticus, ed. J. H. Weiss, Wien 1862.
ספרא דבי רב הוא ספר תורת כהנים, מהדורת א. ה. ווייס, ווין תרכ״ב.

Sifre de-Agadta etc. — cf Sammlung Agadischer Commentare etc.

Siphre ad Deuteronomium, ed. H. S. Horovitz and L. Finkelstein, Berolini 1939.
ספרי על ספר דברים מהדורת א. ה. פינקלשטיין בהשתמשות עזבונו של ח. ש. הארוויטץ, ברלין ת״ש.

Siphre ad Numeros adjecto Siphre Zutta, ed. H. S. Horovitz, Lipsiae 1917.
ספרי על במדבר וספרי זוטא, מהדורת ח. ש. הארוויטץ, לייפציג תרע״ג.

[Tr. Soferim etc., ed. M. Higger, New York 1937]
מסכת סופרים ונלוו עליה מדרש מסכת סופרים ב׳, מהדורת מ. היגער, ניו־יורק תרצ״ז.

[Tanḥuma, Mantova 1563]
תנחומא, מנטובה שכ״ג.

Midrasch Tanchuma... zum Pentateuch, ed. S. Buber, Wilna 1885.
מדרש תנחומא הקדום והישן, מהדורת ש. באבער, ווילנא תרמ״ה.
TanSass—ms. Sassoon (Cat. Sassoon 597).
TanVat—ms. Vatican (Cat. Cassuto 34).

Tanna d'be Eliahu—cf Seder Eliahu

Tosefta: The Orders of Zera'im and Mo'ed ed. S. Liebermann, New-York 1955—1962; The Orders Nashim—Tohoroth [according to] ed. M. S. Zuckermandel, [Pasewalk 1881]
תוספתא: סדרים זרעים מועד מהדורת ש. ליברמן, ניו־יורק תשט״ו–תשכ״ב; סדרים נשים־טהרות [לפי] מהדורת מ. ש. צוקערמאנדל, פאזעואלק תרמ״א.

Wayyikra Rabbah, ed. M. Margulies, Jerusalem 1953—1960.
ויקרא רבה, מהדורת מ. מרגליות, ירושלים תשי״ג–תש״כ.

[The Palestinian Talmud (=Yerushalmi), Venice 1523 (Photographic ed. Berlin 1925)]
תלמוד ירושלמי, ויניציאה רפ״ג (צלום ברלין תרפ״ה).

[Yalḳuṭ Shim'oni, Saloniki 1521—1527]
ילקוט שמעוני, חלק א׳ (על התורה) שאלוניקי רפ״ו–רפ״ז; חלק ב׳ (על נ״ך) שם רפ״א.

Yalḳuṭ Machiri
- Isaiah ed. J. Spira, Berlin 1894.
- The Minor Prophets, ed. A. W. Greenup, London 1909—1913.
- Psalms, ed. S. Buber, Berdyczew 1899.
- Proverbs, ed. L. Grünhut, Jerusalem [1902]

ילקוט המכירי
- על ישעיהו, מהדורת י. ז. כהנא שפירא, ברלין תרנ״ג.
- על תרי־עשר, מהדורת א. גראינוף, לונדון.
- על תהלים, מהדורת ש. באבער, ברדיטשוב תר״ס.
- על משלי, מהדורת א. הלוי גרינהוט, ירושלים תרס״ב.

[Zohar, Wilna 1882]
זהר, ווילנא תרמ״ב.

Lekach-Tob (=Pesikta Sutarta), on Gen. and Ex. ed. S. Buber, Willna 1880; on Lev. Num. and Dt. ed. A. M. Padwa, Willna 1884.

לקח טוב המכונה פסיקתא זוטרתא, ח״א על בראשית שמות מהדורת ש. באבער, ווילנא תר״מ; ח״ב על ויקרא במדבר דברים מהדורת א.מ. פאדווא, שם תרמ״ד.

The Mishnah of Rabbi Eliezer or the Midrash of Thirty-two Hermeneutic Rules, ed. H. G. Enelow, New York 1933.

משנת רבי אליעזר או מדרש שלשים ושתים מדות, מהדורת הלל גרשם המכונה הימָן ענעלאו, ניו־יורק תרצ״ד.

[Massechtoth Ze'iroth, ed. M. Higger, New York 1929]

מסכתות זעירות והן: מסכת יראת חטא; מסכת דרך ארץ זעירא; מסכת עריות; פרק מעשים; פרק גדול השלום. מהדורת מ. היגער, ניו־יורק תרפ״ט.

Mechilta d'Rabbi Ismael, ed. H. S. Horovitz and I. A. Rabin, Francofurti ad Moenum 1931.

מכילתא דרבי ישמעאל, מהדורת ח. ש. האראוויטץ וי. א. רבין, פרנקפורט ענ״מ תרצ״א.

Mekhilta d'Rabbi Šim'on b. Jochai, ed. J. N. Epstein and E. Z. Melamed, Hierosolymis 1955.

מכילתא דרבי שמעון בן יוחאי, מהדורת י. נ. אפשטיין וע. צ. מלמד, ירושלים תשט״ו.

Midrash Agada—cf Agadischer Commentar zum Pentateuch

Midrash Haggadol on the Pentateuch
- Genesis ed. M. Margulies, Jerusalem 1947.
- Exodus ed. M. Margulies, Jerusalem 1956.
- Leviticus ed. E. N. Rabinowitz, New York 1932.
- Numbers ed. S. Fisch, London 1957—Jerusalem 1963.
- Deuteronomium (until 23_3) ed. N. Z. Ḥasida in Weekly *Hassegullah* 1—78, Jerusalem [1934—1942]

מדרש הגדול על חמשה חומשי תורה
- ספר בראשית מהדורת מ. מרגליות, ירושלים תש״ז.
- ספר שמות מהדורת מ. מרגליות, ירושלים תשט״ז.
- ספר ויקרא מהדורת נ. א. ראבינאוויץ, ניו־יורק תר״צ.
- ספר במדבר מהדורת ש. פיש, לונדון תשי״ח – ירושלים תשכ״ג.
- ספר דברים (עד כג, ג) מהדורת מ. ז. חסידה בשבועון ״הסגלה״ חוברות א–עח, ירושלים תרצ״ד–תש״ב.

Midrasch Mischle, ed. S. Buber, Wilna 1893.

מדרש משלי, מהדורת ש. באבער, ווילנא תרנ״ג.

Midrasch Samuel, ed. S. Buber, Krakau 1893.

מדרש שמואל, מהדורת ש. באבער, קראקא תרנ״ג.

Midrasch Schir ha-Schirim, ed. L. Grünhut, Jerusalem [1897]

מדרש שיר השירים, מהדורת א. הלוי גרינהוט, ירושלים תרנ״ז.

Midrasch Suta, Hagadische Abhandlungen über Schir ha-schirim, Ruth, Echah und Koheleth nebst Jalkut zum Buche Echah, ed. S. Buber, Berlin 1894.

מדרש זוטא על שיר השירים, רות, איכה וקהלת... עם נוסחא שניה על מגלת קהלת... ואליהם נלוה ילקוט שמעוני על איכה, מהדורת ש. באבער, ברלין תרנ״ד.

Midrasch Tannaim zum Deuteronomium, ed. D. Hoffmann, Berlin 1908—1909.

מדרש תנאים על ספר דברים, מהדורת ד. צ. האפפמאנן, ברלין תרס״ח–תרס״ט.

Midrasch Tehillim (=Schocher Tob), ed. S. Buber, Wilna 1891.

מדרש תהלים המכונה שוחר טוב, מהדורת ש. באבער, ווילנא תרנ״א.

The Midrash of Thirty-two Hermeneutic Rules—cf The Mishnah of Rabbi Eliezer

Ozar Midrashim, ed. J. D. Eisenstein, New York 1915.

אוצר המדרשים, מהדורת י. ד. איזענשטיין, ניו־יורק תרע״ה.

Pirke Rabbi Eliezer, ed. M. Higger, in *Horeb* VIII (1944)—X (1948)

פרקי רבי אליעזר, מהדורת מ. היגער, ״חורב״, ח (תש״ד) – י (תש״ח).

Pesikta de Rav Kahana, ed. B. Mandelbaum, New York 1962.

פסיקתא דרב כהנא, מהדורת דוב מנדלבוים, ניו־יורק תשכ״ב.

Pesikta Rabbati, ed. M. Friedmann, Wien 1880.

פסיקתא רבתי, מהדורת מ. איש שלום, וינא תר״מ.

Pesikta Sutarta—cf Lekach-Tob

[Ruth Rabba, Pesaro 1519 (Photographic ed. Berlin 1926)]

רות רבה, פיזרו רע״ט (צלום ברלין תרפ״ו).

Schocher Tob—cf Midrasch Tehillim

Seder Eliahu Rabba und Seder Eliahu Zuta (=Tanna d'be Eliahu), ed. M. Friedmann, Wien 1902.

סדר אליהו רבה וסדר אליהו זוטא המובאים בשם תנא דבי אליהו, מהדורת מ. איש שלום, ווינא תרס״ב.

Seffer ha-Likkutim Sammlung, ed. L. Grünhut, Jerusalem [1898—1903]

ספר הלקוטים, מהדורת א. הלוי גרינהוט, ירושלים תרנ״ח־תרס״ג.

100. הרשימה הביבליוגרפית הבאה לספרות חז״ל מתואמת בסידורה לרשימת הר״ת שב־§ 99. כל מקור נזכר לפי שעריו בעברית ובלועזית, עד כמה שאפשר. ר׳ לעיל § 72.

Agadath Esther—cf Agadische Abhandlungen zum Buche Ester

Sammlung Agadischer Commentare zum Buche Ester. Enthält: Midrasch Abba Gorion; Midrasch Ponim Acherim; Midrasch Lekach Tob; ed. S. Buber, Wilna 1886.
ספרי דאגדתא על מגלת אסתר: מדרש אבא גוריון; מדרש פנים אחרים; מדרש לקח טוב; מהדורת ש. באבער, ווילנא תרמ״ז.

Agadischer Commentar zum Pentateuch (=Midrash Agada), ed. S. Buber, Wien 1894.
מדרש אגדה על חמשה חומשי תורה, מהדורת ש. באבער, וויען תרנ״ד.

Aboth de Rabbi Nathan, ed. S. Schechter, Wien 1887.
מסכת אבות דרבי נתן בשתי נוסחאות, מהדורת ש. ז. שעכטער, ווינא תרמ״ז.

Agadath Bereschith, ed. S. Buber, Krakau 1903.
אגדת בראשית, מהדורת ש. באבער, קראקא תרס״ג.

Agadische Abhandlungen zum Buche Ester, ed. S. Buber, Krakau 1897.
מדרש אגדת אסתר, מהדורת ש. באבער, קראקא תרנ״ז.

Agadath Shir Hashirim, ed. S. Schechter, Cambridge 1896.
אגדת שיר השירים [מהדורת ש. ז. שכטר, קמבריג׳]

The Babylonian Talmud
mss *B*—British Museum Or. 2419 (Margoliouth 406)
F—Florence
M—München 95 (ed. Strack, Leiden 1912)
O—Oxford (Neubauer 366)
P—Parma (de Rossi 156)
editions *e*—ʻEyn-Yaʻaḳob, Saloniki 1516—1522
p—Pesaro 1511—
s—Soncino 1484—
v—Venice 1520—1523

Bet ha-Midrasch Samlung, ed. A. Jellinek, Leipzig 1853—Wien 1878.
בית המדרש, מהדורת אהרן ילינק, לפסיא תרי״ג–ווינא תרל״ח.

Baraitha di-Mlecheth ha-Mischkan, ed. M. Friedmann, Wien 1908.
ברייתא דמלאכת המשכן, מהדורת מ. איש שלום, ווינא תרס״ח.

[Bammidbar Rabba, Constantinople 1512]
במדבר רבה, קושטא רע״ב.

Batei Midrashot, Second Edition, enlarged and amended by A. J. Wertheimer, Jerusalem 1950-1953.
בתי מדרשות, מהדורה חדשה עם הוספות מלואים ותקונים מאת אברהם יוסף ורטהיימר, ירושלים תש״י–תשי״ג.

Bereschit Rabba, ed. J. Theodor and Ch. Albeck, Berlin 1912-1936.
בראשית רבה, מהדורת יהודה טהעאדאר והנוך אלבעק, ברלין תרע״ב–תרצ״ו.

Berešit Rabbati, ed. Ch. Albeck, Jerusalem 1940.
בראשית רבתי, מהדורת ח. אלבעק, ירושלים ת״ש.

[Bereshith Zuṭa, ed. M. Hakkohen, Jerusalem 1962]
בראשית זוטא, מהדורת מ. הכהן, ירושלים תשכ״ב.

The Treatises Derek Erez: Masseket Derek Erez; Pirke Ben Azzai; Tosefta Derek Erez. ed. M. Higger, New York 1935.
מסכתות דרך ארץ והן: מסכת דרך ארץ; פרקי בן עזאי; תוספתא דרך ארץ. מהדורת מ. היגער, ניו־יורק תרצ״ה.

[Debarim Rabba, Constantinople 1512]
דברים רבה, קושטא רע״ב.

Debarim Rabba, ed. S. Liebermann, Jerusalem 1940.
דברים רבה, מהדורת ש. ליברמן, ירושלים ת״ש.

[Echa Rabba, Pesaro 1519 (Photographic ed. Berlin 1926)]
איכה רבה, פיזרו רע״ט (צלום ברלין תרפ״ו).

Echa Rabbati, ed. S. Buber, Wilna 1899.
איכה רבה, מהדורת ש. באבער, ווילנא תרנ״ט.

[Esther Rabba, Pesaro 1519 (Photographic ed. Berlin 1926)]
אסתר רבה, פיזרו רע״ט (צלום ברלין תרפ״ו).

Genizah Studies in Memory of Doctor S. Schechter, Vol. I: Midrash and Haggadah, ed. L. Ginzberg, New York 1928.
גנזי שעכטער, ספר א: קטעי מדרש והלכה, מהדורת לוי גינצבורג, ניו־יורק תרפ״ח.

[Tr. Kalla: Kalla and Kalla Rabbathi, ed. M. Higger, New York 1936]
מסכתות כלה והן מסכת כלה מסכת כלה רבתי, מהדורת מ. היגער, ניו־יורק תרצ״ו.

[Ḳoheleth Rabba, Pesaro 1519 (Photographic ed. Berlin 1926)]
קהלת רבה, פיזרו רע״ט (צלום ברלין תרפ״ו).

Hul	Ḥullin
Intr	Introduction (=Petiḥta)
Kal	Kalla
Kel	Kelim
Ker	Kerithoth
Ket	Kethuboth
Kid	Ḳiddushin
Kil	Kil'ayim
Kin	Ḳinnim
KohR	Ḳoheleth Rabba
LekT	Lekach-Tob (=Pesikta Sutarta)
m	Mishna
MRE	The Mishnah of Rabbi Eliezer or The Midrash of Thirty-two Hermeneutic Rules
MaSh	Maʻaser Sheni
Maas	Maʻaseroth
Mach	Machshirin
Mak	Makkoth
MassZ	Massechtoth Zeʻiroth
Mech	Mechilta d'Rabbi Ismael
Meg	Megilla
Meil	Meʻila
MekhRS	Mekhilta d'Rabbi Šimʻon
Men	Menaḥoth
Mid	Middoth
Midr	Midrash
MidrHaggadol	Midrash Haggadol
MidrMisch	Midrasch Mischle
MidrSam	Midrasch Samuel
MidrSchir	Midrasch Schir ha-Schirim
MidrSu	Midrasch Suta
MidrTannaim	Midrasch Tannaim
MidrTeh	Midrasch Tehillim (=Schocher Tob)
Mik	Miḳwaoth
MoKa	Moʻed Ḳaṭan
Naz	Nazir
Ned	Nedarim
Neg	Negaʻim
Nid	Nidda
Ohol	Oholoth
Orl	ʻOrla
OzMidr	Ozar Midrashim
PRE	Pirḳe Rabbi Eliezer
PRK	Pesikta de Rav Kahana
Par	Para

Pes	Pesaḥim
PesR	Pesikta Rabbati
RoHash	Rosh Hashana
RuthR	Ruth Rabba
SER	Seder Eliahu Rabba (=Tanna d'be Eliahu Rabba)
SEZ	Seder Eliahu Zuta (=Tanna d'be Eliahu Zuta)
SHL	Seffer ha-Likkutim
SMT	Seven Minor Treatises
SOR	Seder Olam Rabba
Shab	Shabbath
San	Sanhedrin
SechT	Sechel Tob
Sem	Semaḥot
Shebi	Shebiʻith
Shebu	Shebuʻoth
Shek	Sheḳalim
ShemR	Shemoth Rabba
ShirR	Shir ha-Shirim Rabba
SiphDt	Siphre ad Deuteronomium
SiphNum	Siphre ad Numeros
SiphZ	Siphre Zuta
Sof	Soferim
Sot	Soṭa
Suk	Sukka
t	Tosefta
Taan	Taʻanith
Tam	Tamid
Tan	Tanḥuma
TanBu	Tanḥuma ed. Buber
TanSass	Tanḥuma ms. Sassoon
TanVat	Tanḥuma ms. Vatican
TebYom	Ṭebul Yom
Tem	Temura
Ter	Terumoth
Toh	Ṭohoroth
Uk	ʻUḳ(a)ṣin
WaR	Wayyikra Rabbah
y	The Palestinian Talmud (=Yerushalmi)
Yad	Yadayim
Yal	Yalḳuṭ Shimʻoni
YalMa	Yalḳuṭ Machiri
Yeb	Yebamoth
Zab	Zabim
Zeb	Zebaḥim
Zo	Zohar

Ne	Jub	Philip
I Ch	En	Col
II Ch	Sl En	I Th
	Test...	II Th
	IV Es	I Tim
I Es	Ass. Mos	II Tim
I Mac	Ass. Is	Tit
II Mac		Philem
III Mac	Mat	Heb
IV Mac	Mark	Jac
Tob	Luk	I Pet
Judith	Joh	II Pet
Si	Act	I Joh
Sap	Rom	II Joh
Ps Sol	I Cor	III Joh
Bar	II Cor	Juda
Sus	Gal	Apoc
Bel	Eph	

99. רשימת ראשי התיבות למקורות ספרות חז״ל מסודרת לפי סדר הלועזית ובהתאם לכתיב השערים. כל
ר״ת מודפס כמלה אחת:

ACE	Sammlung Agadischer Commentare zum Buche Ester (=Sifre de-Agadta etc.)	BMM	Baraitha di-Mlecheth ha-Mischkan
ACP	Agadischer Commentar zum Pentateuch (=Midrash Agada)	BMe	Baba Meṣi'a
		BamR	Bammidbar Rabba
		BatMidr	Batei Midrashot
		Bech	Bechoroth
ARN	Aboth de Rabbi Nathan	Ber	Berachoth
Ab	Aboth	BerR	Bereschit Rabba
AbZa	'Aboda Zara	BerRabbati	Berešit Rabbati
AgBer	Agadath Bereschith	BerZ	Bereshith Zuṭa
AgEst	Agadische Abhandlungen zum Buche Ester (=Agadath Esther)	Bes	Beṣa
		Bik	Bikkurim
		DE	Derek Erez
AgShir	Agadath Shir Hashirim	DebR	Debarim Rabba
Ara	'Arachin	DebRLieb	Debarim Rabba ed. Liebermann
b	The Babylonian Talmud		
B	MS British Museum	Dem	Demai
F	Florence	EchaR	Echa Rabba
M	München	EchaRBu	Echa Rabba ed. Buber
O	Oxford	Ed	'Eduyoth
P	Parma	Er	'Erubin
e	Ed. 'Eyn-Ya'aḳob	EsthR	Esther Rabba
p	Pesaro	GSch	Genizah Studies in Memory of S. Schechter
s	Soncino		
v	Venice	Git	Giṭṭin
BBa	Baba Bathra	Hag	Ḥagiga
BHM	Bet ha-Midrasch	Hal	Ḥalla
BKa	Baba Ḳamma	Hor	Horayoth

נספח

האפרטים II ו־III — נעשה על־ידי 1 מוגבה[25]; גרסת כתב היד לאחר התיקון — במקביל ל־sm — סומנה על־ידי 2 מוגבה. לא נכנסנו לבירור מעמד התיקונים או סיבתם, והעדפנו להרבות בסימני שאלה[26].

97. המקורות לפרטיהם המזהים כך הם:

א — כתב יד ארם־צובה, מקרא שלם מראשית המאה העשירית;
ג — נביאים אחרונים... מהדורת כ׳ ד׳ גינצבורג, לונדון 1926[27];
ל — כתב יד לנינגרד B 19a, מקרא שלם, משנת 1009;
מ — מקראות גדולות, מהדורת יעקב בן־חיים אבן אדוניה, ונציה רפ״ד–רפ״ה;
נ — כתב יד ניו־יורק JTS 232=ENA 346, נביאים אחרונים מן המאה העשירית;
פ — כתב יד פטרבורג Heb B3, נביאים אחרונים משנת 916[28];
ק — כתב יד קהיר, נביאים, משנת 895;
ר — כתב יד קרלסרוהה 3 (רויכליניאנוס), נביאים, משנת 1105[29];
ש — כתב יד ששון 1053, מקרא שלם מן המאה העשירית.

נספח[1]
Appendix

98. המקרא, הספרות החיצונית והברית החדשה מסומלים לפי ראשי התיבות הבאים:

Gen	Jer	Zech
Ex	Ez	Mal
Lev	Hos	Ps
Num	Joel	Pr
Dt/Deut	Am	Job
Jos	Ob	Cant
Jud	Jona	Ruth
I Sam	Mi	Lam
II Sam	Na	Eccl
I Reg	Hab	Esth
II Reg	Zeph	Dan
Is	Hag	Ezra

25. ובכן: אם אחרי הדה״מ נרשמת מובאה כ־ל[1] פירושו, שלדעתנו גרס ל בתחלה גרסה שונה, בעוד שגרסת ל הנראית עתה היא כגרסת הפנים. הסימונים משמשים לציון הוספות, גירודים, שנויים וכד׳.

26. הסימן בא אחרי סימול כתב היד ולא אחרי הבאת הנוסח. גם כאן הבאת חילוף בסימן שאלה אין פירושה שנראה לנו כי כתב היד גורס את החילוף דווקא יותר מאשר את נוסח הד״מ. רישומנו בא כדרך נוחה ביותר להעמיד את המעיין על הספק.

27. כל כתבי היד הם מן המאה השתים עשרה (בערך), והם נשמרים כיום בבריטיש מוזיאום. פרט לאחרון אינם של מקרא שלם. זהויים:

ג 4 Harley 5720
ג 5 Ar. Or. 16
ג 7 Add 21161
ג 9 Add 9403
ג 10 Add 4708
ג 11 Add 15451

28. לפי מהדורת התצלום של H. Strack, *Prophetarum Posteriorum Codex Babylonicus Petropolitanus* (Petropoli 1876)

29. לפי מהדורת התצלום של A. Sperber, *The Pre-Masoretic Bible* 1 (Copenhagen 1956)

1. הרשימות שבנספח כוללות את המקורות מעבר לדרוש בשביל פרקי דוגמה אלו.
Not all abbreviations are used in the chapters published here.

מבוא

אין הדבר כן ביחס ל־נ. כתב יד זה לא נשתמר יפה, ולא היתה אפשרות מעשית לציין התחלות וסופות של המקומות הקריאים בו. לגבי נ אפשר ללמוד רק מהבאות מפורשות, ולא משתיקה.

91. ג) כתבי היד פ ו־ר הובאו דווקא משום שהם המיצגים הקדומים ביותר הידועים לנו של מסורות הקרובות לטברנית המקובלת אך בכל זאת נבדלות ממנה. שיטתם השונה לא אפשרה למעשה אלא רישום של חילופי כתיב ומעט חילופי ניקוד. אף על פי שכתבי יד אלו נבדקו על ידי גינצבורג[17], הרי רישומם באפארט זה בא לפי בדיקתנו[18].

92. מעיקרא צריך היה אפארט זה לכלול אך ורק חילופים מכתבי יד עד שנת 1100, שאנחנו בדקנום — וכנגדם, מן הקצה האחר, החילופים שב״מקראות הגדולות״. כיון שהגרסאות ב״מקראות הגדולות״ היו עשויות להיראות כנטולות יסוד בעדים עתיקים יחסית, הוחלט לגשר מעט בין הקצוות ולהוסיף חילופים מתוך עדים שבין 1100 ובין 1200 בערך, לשם הדגמת ההתפתחות בתקופות אחרי סיום פעלם של בעלי המסורה. חומר כזה — בניגוד לעדים עד לסוף המאה העשירית בערך — כבר נבדק על ידי גינצבורג. מתוך ג הובאו אפוא החילופים מכתבי היד שנכתבו במאה ה־12[19]; לפי סימונו: ד ה ז ט י יא; לפי סימוננו ג 4 5 7 9 10 11. בניגוד ליתר העדים שנרשמו רישום מלא בגבולות המפורשים, הרי בהתאם למטרת הרישום מתוך ג הועתקו חילופים אלו רק כתוספת, היינו באותו מקום שכבר רשמנו לו מקודם חילוף מאחד מיתר העדים. במלים אחרות: כשיש התאמה בין יתר כתבי היד ובין ה״מקראות הגדולות״ לא נרשם חילוף מתוך ג; כשה״מקראות הגדולות״ עמדו מבודדות נגד כתבי היד — או מסתייעות במקצתם — נרשם החילוף ה׳מסייע׳ להם.

93. ה) הואיל ודווקא מהדורת מ שימשה יסוד לדפוסי המקרא שאחריה[20], הנחנוה כקצה השני המדגים מה נחשב למעשה כ׳נוסח טברני מקובל׳[21], בניגוד לכתבי היד הקדמונים. הנחיות הרישום מתוך מ הן לפי האמור לגבי שנ.

94. סדר הזכרת המקורות בסעיפים הקודמים הוא בערך סדר כרונולוגי; סדר הרישום באפארט הוא לפי מידת דיוקנו ברישום כל מקור: אחרי הזכרת א (בסימן ד״מ) באים, לפי הסדר: ל ק ש נ מ פ ר ג[22]. לאלה נוסף רישום החילופים בין בן־אשר לבין בן־נפתלי[23].

95. בניגוד לדרך הרישום של מלה בשלמותה כשהמדובר בכתיב אותיות המלה, רוכזה תשומת הלב לאות או לשתי אותיות שבתיבה, כשהמדובר בחילוף תנועה או הטעמה. בסימון הדה״מ נוקדה רק האות או האותיות שלגביהן יש חילוף, ובהבאת העדים הובאו אותן אותיות בלבד[24].

96. באפארט זה הצלחנו להימנע משימוש במלים. רימוז אל מצב קודם של כתב היד — במקביל ל־pm של

17. ר׳ להלן. לפי מניננו הם ג ב, ג.

18. לענין חפיפה אפשרית עם הרישום לאפארט III ר׳ לעיל פרק ה׳ הע׳ 7.

19. כתבי היד הקדומים ביותר שנבדקו על ידי גינצבורג והבאים בחשבון לרשימה זו הם מן המאה ה־12. כל הרישומים, כולל קביעת התאריכים, נתקבלו לפי גינצבורג ולא בדקנו אחריו. יש ויש מקום להרהור, אבל כרגע הוכרע לקבל דברים כמות שהם. בבדיקת חשבון כתבי היד באפארט שלו דומה, שלעתים חסרה עדותו של איזה כתב יד; אבל סמכנו על המפורש בדבריו וכך רשמנו. אולם הואיל ובדיקתנו העלתה שבעניין מתגים וחטפים לא תמיד אפשר לסמוך על מידת דיוקו, ויתרנו על הבאת חילופים מסוג זה; שכן המטרה שביקשנו להשיג ברישומנו מתוך האפארט שלו לא הצדיקה שנבדוק אחריו עד למתג האחרון.

20. בידוע שגינצבורג שם לעצמו מטרה לחזור ולהדפיס בדיוק את מהדורת מ, אלא שלא עלתה בידו (הש׳ *RTBT* n. 10). בעית דמיון הנוסח בין מהדורת יעקב בן־חיים לבין מהדורת Felix Pratensis לפניו אינה מענייננו כאן.

21. ניסינו להצביע על מה שנראה כשיבוש המדפיס, ובמיוחד כשהמסורה שבאותה מהדורה מעידה נגד המודפס (מ״ק= מסורה קטנה; מ״ג = מסורה גדולה).

22. כלומר: אלק נרשמו רישום מלא לגמרי; שנמ רישום כמעט מלא; פר מתאימים מטבעם לרישום חלקי בלבד; כתבי היד של ג לא נבדקו על ידינו ונרשמו ברישום חלקי בלבד.

23. הרישום לפי מהדורת L. Lipschütz, *Textus* 2 (1962). כן הסתייענו בכמה קטעים שלא היו לפניו במהדורתו (ור׳ *RTBT* 111). והש׳ עתה את מבואו *Textus* 4 (1964), 1f. הקיצורים: ב״א=בן־אשר; ב״נ=בן־נפתלי.

24. נסיונות הסידור הראו כי כך יובלטו החילופים. אם יש חילופים לגבי שני ענינים שונים במלה אחת, נרשמו לפי סדרם בנפרד.

ו. הכתיב, הניקוד והטעמים

למסורתו של הכתר, להבדיל לא רק ממסורות לא־טברניות, אלא גם מטברני 'לא־מקובל' (אשכנזי[4], טברני־ספרדי[5], טברני־תימני[6] וכו' וגם מכתבי יד מאוחרים הנבדלים בפרטים שונים[7]. אפארט זה רושם אפוא את העדים הקדומים של הטיפוס הטברני ה'בן־אשרי'[8] מכאן, ומעמיד כנגדם מכאן להשואה נציגים קדומים של טיפוסים אחרים וכן גלגולה של המסורת הטברנית הבן־אשרית, כפי שמצאה את בטויה במהדורת 'מקראות גדולות' בעריכת יעקב בן־חיים, שנעשתה יסוד לדפוסים שלאחר מכן[9].

88. המקורות לאפרט זה מתחלקים לקבוצות הבאות[10]:

א) כתבי היד ל (לנינגרד) ו־ק (קהיר)

ב) כתבי היד ש (ששון) ו־נ (ניו־יורק)

ג) כתבי היד פ (פטרבורג) ו־ר (רויכליניאנוס)

ד) כתבי היד ג (גינצבורג)

ה) מהדורת מ (מקראות גדולות).

89. קבוצות אלו מתפרטות כדלקמן:

א) כתבי היד ל ו־ק הם היחידים הנחשבים לקשורים במפורש במסורת משפחת בן־אשר, על אף ההבדל בין שיטותיהם, והם יסוד לאפארט. הפנים (א) הושוה בשלמותו[11] לשני כתבי היד האלה, וכל מקום שאינם נזכרים באפארט סימן שהם זהים בכל ל־א. בעוד שמותר להניח כי יכולנו לתאר בדיוק הדרוש את המימצא של א, יש ספקות קלים לגבי כ"י אלו, ובמיוחד לגבי ק, משום טשטושים בצילומים שבהם השתמשנו. ספקות סומנו בסימן שאלה, כרגיל[12]. הואיל והעדים אלק נחשבו לנו יסוד בעבודתנו, בדקנום בדיקת מעגל חוזרת, היינו במקום שמצאנו חילוף באחד מאלה חזרנו ווידאנו את גרסתם של האחרים[13].

90. ב) הרישום של הקבוצה שנ נבדל מדרך הרישום של לק בכך ששינויים בהטעמת מתגים ('קלים') בהברות פתוחות לפני הטעם ובמלים מן השרשים 'היה' ו'חיה' לא נרשמו אלא כשהיה בהם ענין מיוחד[14]. שוני זה בדרך הרישום מתבאר מן הנימוקים הבאים[15]: בדיקה כללית מראה שכבר בכתבי היד העתיקים אין דרך עקיבה בהטעמת מתגים קלים, בניגוד לאחדות העקרונית בשיטת ההטעמה בכללה ובשיטת סימון יתר סוגי המתגים. המתג הקל כנראה לא נחשב מבחין אף בעיני הקדמונים, שכן בעוד שיתר סוגי המתיגה משמשים, למשל, נושא חשוב בחילופי בן־אשר ובן־נפתלי, כמעט שלא נדונו בהם חילופים במתג קל. בעוד שב־ש יש החסרות מרובות[16] של מתגים אלו לעומת א, יש ב־נ הוספות רבות, וסימונן היה מכביד על האפארט ללא תועלת. מן הראוי לציין, כי בעוד שהעדר רישום מ־ש מעיד על זהות ל־א — כמו בכה"י לק —

4. על הקשר המיוחד בין מסורת ה־non-receptus לאזור 'האשכנזי' הצבעתי *RTBT* §41, ואפשר שיש סימוכין לדעה זו ממה שהעלה עכשיו מ' בית־אריה אגב סקירת ניקודו של מחזור וורמייזא (ר' לשוננו כט (תשכ"ה), במיוחד עמ' 99).

5. לא באתי לחזור ולהעיר כאן בענין 'קדם־ספרדי'; השו' *RTBT* n. 65.

6. יש לחלק כמה תת־חלוקות, במיוחד בין אותם כתבי יד שהם באופן עקרוני 'בן־אשריים' לבין אלו שהם גלגולי ניקוד עליון. ואכמ"ל.

7. לא באנו לשלול מפעל כזה אלא לומר שהוא מפעל שונה ורב־היקף לעצמו.

8. במובן הרחב, כפי שציירנוהו בפרק ח' של *RTBT*.

9. השו' שם עמ' 117.

10. הזהוי ניתן להלן § 97.

11. לא נרשמו סימני הרפה, שכן לא נרשמו בפנים. כן לא סומנו שינויים בהערות מסורה ובחלוקת הפרשיות (ר' לעיל § 31). בעוד שהוער לגבי א על המקומות שבהם נרשם המתג מימין לתנועה, לא הוער על כך לגבי יתר כתבי היד.

12. מטבע הענינים שהטשטוש בצילום פוגע דווקא בסימני ניקוד וטעמים. במקום שאין לראות בצילום בוודאות אם יש תיקון או מחיקה, לא סומן באפארט דבר.

13. בדיקות חוזרות מסוג זה לא בוצעו לגבי עדים אחרים.

14. כגון שיש במלה שתי הברות הראויות למתג או כגון שבא מתג קל בהברה הסמוכה להברת הטעם בלי חציצה.

15. לולא החלטנו על רישום מלא של כתבי היד המיוחסים או המקורבים במפורש למשפחת בן אשר, כדי לאפשר לגביהם השואה מדוקדקת, אפשר שאף מהם לא היינו רושמים חילופי מתגים מסוג זה.

16. על אף קדמותו של ש וקרבתו ל־אלק, לא נוקד ולא הוטעם בקפדנות ויש בו השמטות רבות של סימנים, כתיב שוא במקום חטף סגול וכד'. כל שהוא טעות סופר בגלוי לא נרשם.

זהים שבשכנות פירושה, שאותו כתב יד גורס כן בשני המקרים. אם אותה גרסה מובאת במקום השכן מכתב יד אחר הסימן (sol al)[16].

83. ד) בקבוצה זו כלולים קטעי כתבי יד, רובם מן הגניזה. הואיל וחומר זה כמעט שלא נרשם במהדורות אחרות הכרענו לצד הבאתו ביד רחבה. חומר זה מסומל כדלקמן:

B — קטע בניקוד בבלי

G — קטע גניזה בלי ניקוד או בניקוד טברני (גם ׳לא־מקובל׳)

P — קטע בניקוד ארץ־ישראל.

בשביל פרקי דוגמה אלו אין צורך לפרט קטעים[17].

84. ראוי להוסיף, כי מתחילה אפשר היה להעלות על הדעת שמא יימצאו בחומר הגניזה קטעים הסוטים באופיים מן האמור על כלל כתבי היד מימי המסרנים. לא נוכל אלא לרמוז כאן, שצפיה זו לא נתאמתה[18], אם כי לעתים אין לדון כראוי באופיו של קטע מסויים בגלל קצרו או מצבו.

85. דרכי הרישום בהבאת מקורות עבריים נתפרטו לעיל § 60 (ור׳ § 55), וגם כאן נכלל בסימול pm/sm כל שינוי, תוספת, מחיקה, כתיבת שולים, כתיבה בין שורות וכו׳[19]. לענין המשמע של העדר ניקוד בכתב יד מנוקד, ר׳ לעיל פרק ג, הע׳ 97. באפארט זה נוספה נקודת ספק מעל לאות רק אם היה יסוד לחשד שמא לפנינו חילוף; שאם לא כן היה צריך להרבות בסימוני ספק ללא טעם מחמת טשטושים קלים בצילומים שלפנינו.

ו. אפארט IV: הכתיב, הניקוד והטעמים

86. החילופים שנרשמו באפארט זה אינם ענין לנוסח במובן של הבדלי מלים או צורות. נוגעים הם לפרטים זעירים שבהם נבדלים עדים, הזהים למעשה בטכסט שלהם, הבדלים של כתיב, של ניקוד ושל הטעמה. פרטים אלו יש בהם אך מעט העשוי להשפיע על דרכי הבנת הענין[1], אבל הם הם הקובעים את מעמדו של ׳מצחף מסורה׳. מידת הדיוק של הסופר בפרטים זעירים החשובים לכאורה רק לשימוש הליטורגי היא העשויה לקבוע את ערכו של כתב היד בכלל. בדיקה מסוג זה אין בה טעם אלא לגבי קבוצה קטנה נבחרת מראש, שכן אילו באנו לרשום הבדלי מלא וחסר, חילופי תנועות ושינויי טעמים, מתגים ומקפים של כל כתבי היד הידועים בלי ברירה מוקדמת, ספק אם היינו מועילים[2].

87. בחירת כתר ארם־צובה כפנים למהדורה זו היא הקובעת בעצם את חוג המקורות האפשריים להשואה. לצרכי האפארט הזה צמצמנו את העדים מצד הטיפוס ומצד הזמן[3]: עניננו בטיפוס כתבי היד הקרובים

16. כגון שמלה נוספת או נשמטת בשני אברים מקבילים, ורצוי שהמעיין ידע אם אותו כתב יד הוא המוסיף או המשמיט.

17. בשביל Oxf d 64, 1–2, השתמשנו לעת עתה בסימון E b 10 של קאלה.

18. ר׳ *BMU* 35 f., *TL* XI. פרשה זו תידון לעצמה במקום אחר.

19. בחומר שנרשם ברישום אקלקטי בלבד לא סומנו פירוטים אלו.

ו

1. כגון זה נכנס לאפארט III.

2. הש׳ *TL* X. בתכניתנו לפרסם כרך של דוגמאות מטיפוסי כתבי יד על ניקודיהם השונים. רק אז תתברר הרב־גוניות בעדים שלפנינו.

3. לענין המתבקש כאן אין תוקף לכלל המקובל ש׳כתבי יד צעירים יותר אינם בהכרח גרועים יותר׳. והש׳ *BMU* 31 f.

להדגיש כי זו קולציה שלמה ראשונה וכי רישומנו עולה על מה שנמצא אצל קניקוט (ומה גם שלא נרשמו אצלו חילופי ניקוד). הסלקטיביות שברישום של סוג ג׳ היא מעשנו, היינו שליקטנו לפי הנחיות המתבארות להלן. ביחס לסוג ד׳ הסלקטיביות היא בעצם המימצא, היינו שאנו רחוקים מגמר רישום כל החומר שבגניזה. מאותו חומר שהיה לפנינו הבאנו מה שמצאנו[9], ולגבי קטעים בניקוד א״י ובניקוד בבל[10] לא ידוע כנראה יותר ממה שהיה לעינינו.

80. המקורות לפרטיהם כך הם:
א) בקבוצה זו נמצאים ארבעת כתבי היד המסורתיים הטברניים הקדומים ביותר הידועים לנו, בין שמסורת ניקודם והטעמתם כמעט זהה לשל כתר ארם־צובה, בין שהיא סוטה במעט. סימניהם: ל (לנינגרד), ק (קהיר), ש (ששון), נ (ניו־יורק). עליהם נוספים שני כתבי יד אחרים, שכל אחד מהם הקדום בסוגו: פ (פטרבורג משנת 916), ר (רויכלינאנוס — משנת 1105). זה מצוין באופיו ככ״י ׳בבלי־טברני׳, וזה מיצג מובהק של נוסח המסורה הטברני ה׳לא־מקובל׳. תיאורם המדויק ניתן להלן במבוא לאפרט IV.

81. ב) בקבוצה זו נמצאים כתבי היד הידועים במספרים 30 93 96 150 ברשימת קניקוט[11]. אין צריך לומר כי בחירת כתבי היד חייבת להיעשות מחדש לגבי כל אחד מספרי המקרא[12]. ביחס לספרנו מותר לומר, שאם יש בכלל כתבי יד שלגביהם אפשר להעלות חשד שמא הסתננו אליהם גרסאות חוץ־מסורתיות — הרי הם אלו; וכאמור ספק גדול אם יש יסוד לחשש.

82. ג) בקבוצה זו כלולים רוב כתבי היד שגרסאותיהם נרשמו באספים קודמים. כיון שלדעתנו אין לגרסאות שבמקורות אלו אלא ערך להקבלות טיפולוגיות, ניסינו לגבש בשבילן שיטת הבאה סלקטיבית. רישומנו מכוון להפנות את המעיין אל האספים ולמנוע ממנו מנין או שקילה על פי הבאותינו שלנו. משום כך סתמנו ברמיזותינו, לא זהינו כתבי יד ולא מנינו. הסלקציה נעשתה כך, שכל חילוף שלגביו יכול להיות ספק סביר למישהו שמא יש בו בכל זאת משהו, הובא[13]. את הפרטים יש לבקש באספים. אספים אלו מסומנים כדלקמן ומסודרים לפי הסדר הבא:

K — קניקוט
R — דה־רוסי
G — גינצבורג

הזכרת אחד המקורות (או יותר, כגון KR) פירושה שיש לפחות שני כתבי יד הגורסים כן[14]. אם מספר כתבי היד הגורסים את החילוף הוא עשרה או יותר נוסף בסוגרים הסימון (mlt). לצורך זה מצטרפים האספים, היינו KRG (mlt) פירושו שיש כתבי יד הגורסים כן בשלושת האספים ומספרם הכולל הוא 10 או יותר[15]. גרסה הבאה בכתב יד אחד בלבד מסומלת (sol). חזרה על סימון זה בצד שני רישומים זהים או כמעט

9. כרגע אין צריך להאריך בבירור עקרונות רישום שנתגבשו מתוך בדיקת דרך ניקודו של קטע. למשל: אם כתב יד מסוים אינו מבחין בין סימון שוא נע לסימון תנועה (פתח) – כגון T-S A 10, 4 – אין מקום לרשום חילופי וְ־/וַ־ כענין חילוף בצורות פועל מהופכות.
10. החומר הזה נבדק על ידי מר י׳ ייבין אשר ליקט את הקטעים הידועים לצרכי עבודת המחקר שלו.
11. כדי להקל על הרוצה להשוות, לא שינינו מספרים אלו.
12. בחירתנו כאן היא תוצאה של בדיקות מחודשות, ומכאן שוני מסוים במעמד כתבי היד לעומת הדירוג ב־56 *TL*. למסקנותיהם של אחרים בענין בחירת כתבי היד הש׳ XI *TL*.
13. כמובן לא הובאו חילופי וי״ו ודומיהם, ובדרך כלל לא הובאו השמטות מלים או שיבושי סופרים גלויים. לא נוכל לפרט את שיקולינו ורק נעיר, כי התחשבנו גם במימצא שבאפארטים האחרים. למשל: השמטת ׳כל׳ כשלעצמה אינה ראויה לסימון, באשר היא מסוג החילופים ׳החפשיים׳ (ר׳ לעיל פרק ג׳ הע׳ 62). אבל 2 16 סומנה בגלל המימצא באותו המשך פסוקים באפארט II.
14. בידוע שגינצבורג הקדיש תשומת לב לפרטי הניקוד, ואלו קניקוט לא רשמם כלל. יש אפוא שחילוף מצוטט מתוך G במנוקד ויש כנגדו ב־K, אך בלי ניקוד. במקרה זה יסומן [K] בסוגריים, כגון 14 11.
15. סימונים אלו אין בהם תחליף למנין, אלא הוספנום כדי להקנות למעיין רושם מה. משום כך אף לא הקפדנו ומנינו למטרה זו דפוסים אם היה בהם כדי להשלים את המספר הדרוש לסימון mlt. במקרים אחרים לא הושם לב לדפוסים.

ג) כתב יד ׳מסורתי טברני׳ — כתב יד מסורתי לפי נוסח המסורה הטברנית המקובלת.

ד) ׳מצחף מסורה׳ — כתב יד מסורתי מנוקד ומוטעם שבשוליו נרשמו הערות המסורה[3].

ה) כתב יד ׳מימי המסרנים׳ — כנוי כולל לכל סוגי העדים משנת 800 ואילך, בלי כל קביעה מראש אם הם ׳מסורתיים׳[4].

עם שיש הבדלים ניכרים בפרטי מסורה, ניקוד והטעמה — ומקצתם עולים באפארט IV — הרי לענין חילופי גרסאות נכללו יחד באפארט זה.

75. כלילת כל כתבי היד מימי המסרנים במסגרת אפארט אחד אינה תוצאה של הפשטה היסטורית כתחילית אלא של בדיקת המימצא. לא נוכל להרחיב כאן בצד התיאורטי של הסבר המימצא, ודיינו אם נאמר כי מי שניסה בשעתו שמימצא כתבי היד העבריים מימי הביניים מתבאר לו כהשתלשלות ממקור קדמון אחד לא הגזים בהרבה — גם אם הדברים מתבארים לנו בדרך שונה[5].

76. לעיל § 16 וכו׳ כבר צוין, כי כמעט כל החילופים בכתבי היד מימי המסרנים יסודם בגורמים של היקש ואסוציאציה מכאן ושל החלקה לשונית מכאן, גורמים הפועלים בכל התקופות. מכאן שאין לנו רשות לקבוע על פי חילופים אלו קשרים גנטיים, ומכאן ששום חוקר אף לא ניסה להציע לכתבי יד אלו מערכת של קשרי משפחה. באופים זה הבדלם העקרוני, לעומת העדים הכלולים בשני האפארטים הראשונים, שכן בהללו יש גם טיפוסי גרסאות אחרים. אפיון זה יפה לכל כתבי היד מימי המסרנים — בבלי וארצישראלי, טברני מקובל ו׳בלתי מקובל׳ (non-receptus), וכמובן אין הבדל בין מצחפים שלמים לקטעי גניזה.

77. לולא אותן תמיהות המתעוררות לגבי מספר זעום מאד של כתבי יד (ר׳ להלן § 81), אפשר שהיינו קובעים כבר עתה, כי כל החומר הזה מאיר תהליכים של הווצרות חילופים, אך לגבי מי שענינו התחקות אחרי נוסח מקרא קדמון ערכו של כל החומר הזה הוא אפסי. עדיין ספק בעיניי, אם יש בידינו אפילו כתב יד אחד שאפשר להוכיח כי גרסאותיו קשורות קשר גנטי במקור חוץ־מסורתי — להבדיל מהקבלות טיפולוגיות. לולא הפקפוק שמא יש, ספק אם היה טעם להקדיש מאמצים רבים לגיבוש שיטה להצגת המימצא. כוונתנו באפארט זה אפוא לא רק לסכם את המימצא אלא גם להבליט את העובדות, כדי לסייע למעיין בפתרון הבעיה המרכזית הזאת. החילופים המובאים הם אפוא גיבוש כולל ראשון מכל מה שנתאסף מאז ימי קניקוט, והם עולים במספרם על כל מה שלוקט במהדורות מאז ראשית המאה התשע עשרה. עם כל זאת חוזר אני על דברי האזהרה נגד ציטוט בלתי־מבחין מתוך כתבי יד אלו, כאלו יש בהם מן הסתם סיוע לאיזו גרסה בתרגום קדמון וכד׳[6].

78. באפארט זה נקבצו ארבעה סוגי מקורות:

א) כתבי היד המסורתיים הקדומים, הן מן הטיפוס הטברני המקובל הן מטיפוס אחר, אשר חילופי הכתיב והטעמים שבהם נרשמו באפארט IV[7];

ב) כתבי היד שבלטו אחרי בדיקות שונות כראויים לרישום מיוחד לשם בדיקת אופים;

ג) גרסאות נבחרות מכתבי יד שחילופיהם נרשמו בעבר באוספים שונים;

ד) כתבי יד וקטעים מן הגניזה, תהא מסורת הניקוד שלהם אשר תהיה.

79. סוגי המקורות הללו מובאים לפי הסדר הזה, ועד כמה שיש חילופים זהים לאותו דה״מ הופרדו סוגי המקורות זה מזה בסימן נקודה־פסיק. רישום המקורות מן הסוגים א־ב הוא מלא; מן הסוגים ג־ד הוא סלקטיבי. הרישום המלא[8] ניתן כדי להקנות לקורא תמונה שלמה על אופים של אותם כתבי יד, שכן רק מתוך שעומדים על מקור בשלמותו אפשר להעריך את החילופים הבודדים. במיוחד לגבי המקורות מסוג ב׳ יש

3. והוא סימן שסופרו ביקש לדייק. לענין זה השׁ׳ *BMU* 36.
4. למעשה מצאנו שאמנם כן, אם כי ייתכן שאותם כתבי יד שייחדנו להם מקום מיוחד (ר׳ להלן § 81) ראוי לשייכם רק ל׳טיפוס מסורתי׳.
5. ר׳ לעיל § 16 וכו׳.
6. השׁ׳ *TL* x f.
7. יש שלפי הנחיות הרישום מנוי חילוף מסוים גם באפארט זה וגם באפארט IV, היינו שאותו חילוף של כתיב או ניקוד אפשר שיש לו גם חשיבות גרסתית.
8. על משמע ׳רישום מלא׳ לצרכינו ר׳ לעיל § 59. מכתבי יד אלו נרשמו אפילו טעויות סופר, כדי להקנות למעיין מושג על מהותו של כתב היד.

ה. כתבי היד המקראיים מימי המסרנים

או כשראינו צורך לסטות ממנו בסימולנו נהגנו במנהגי התעתיק המקובלים[37]. כל קיצור כתוב כמלה אחת, אפילו הורכב משתי מלים או יותר[38].

ב) בשמות המסכתות החוזרים ומופיעים במסגרות שונות הוקדם סמל מבחין בראש: m — משנה, t — תוספתא, b — בבלי, y — ירושלמי, כגון bBer — בבלי ברכות[39].

ג) מקורות שאין לגביהם סימון דפים מקובל הובאו ככל האפשר לפי סימון כפול: לפי פרק או פרשה וכד׳[40] ולפי מספר הדף או העמוד של המהדורה, המובא בסוגרים[41]. סימון זה בא להקל על מי שאותה מהדורה ביקורתית או דפוס ראשון וכד׳ אינם בידו. הירושלמי מובא לפי פרק והלכה שבדפוס וילנא ומספר הדף שבסוגריים מתיחס לדפוס ויניציא. ילקוט שמעוני מובא לפי הרמזים שבדפוסים וילקוט המכירי לישעיהו הנוגע לפסוק שבו עומדים מובא בלי כל סימון נוסף. מדרש המצוטט בד״כ לפי פרק ופסוק במקרא, יובא בדרך זו.

רשימת ראשי התיבות והרשימה הביבליוגרפית ניתנות בנספח שבסוף המבוא.

ה. אפארט III: כתבי היד המקראיים מימי המסרנים

73. העדים המקובצים באפארט זה צד משותף להם: כולם כתבי יד עבריים מקראיים המאוחרים לראשית ימי פעולת המסרנים וזמנם משנת 800 בערך ואילך. אין צורך להיזקק כאן לשאלה מתי תחילת פעילותם — בין בבבל בין בארץ ישראל — שכן לא ידוע כיום שום כתב יד שיהיה מקרה גבול. בין אחרוני כתבי היד המקראיים מתקופת התנאים לבין ראשוני כתבי היד מימי המסרנים מפרידות כ־600 שנה — כשליש של כלל התקופה הנסקרת במהדורתנו[1].

74. המקורות לאפארט זה מכונים ׳כתבי יד מקראיים מימי המסרנים׳ כדי לשמור על ההבחנות הבאות:

א) כתב יד מ׳טיפוס מסורתי׳ — כתב יד שנוסחו שייך לזרם המסורתי בלי שיזדהה בפרטיו עם ׳נוסח המסורה המקובל׳ (textus receptus) ובלי שנרצה לקבעו דווקא כ׳פרוטו־מסורתי׳. כנוי זה משמש בעקר לציון כתבי יד (או הבאות) עד סוף תקופת התנאים, להבדיל מן הטיפוס החוץ־מסורתי[2].

ב) כתב יד ׳מסורתי׳ — כתב יד מימי המסרנים שנוסחו הוא הנוסח המקובל, בלי שנקבע אם הוא בכלל מנוקד ומוטעם, ולפי איזו מסורת.

37. הואיל ורוב המהדירים לא נהגו לפי כללי תעתיק בלשני מדויק, ויתרנו אף אנו בתעתיקנו שלנו, כדי להימנע מהבדלים גדולים. לכן העתקנו sh, ch ולא š, x. עיצורים נחציים סומנו בנקודה דיאקריטית רק לצורך מיוחד, ובעיקר לא בראשי תיבות — ובכך סמכנו על מנהגם של רבים. לכן, למשל, קו״ף היא לרוב k, לעתים ḳ (וכסמל ל׳קרי׳: q). כשאין לספר שערים נבדלים בעברית ובלועזית הוספנו רישום בסוגריים. אולם בשים לב למנהגי מדפיסים ו׳מצלמים׳ אפשר שהוטעינו והוספנו רישום משלנו במקום שיש שער במקור.

38. ראשי תיבות המתיחסים לשלוש מלים בכותרת סומלו בדרך כלל בשלוש אותיות גדולות, כגון PRE (פרקי רבי אליעזר).

39. הסימול (m) אחרי המקור לפי כתב יד של הגמרא פירושו, שהמובאה באה מן המשנה, לפי אותו כתב יד של הגמרא.

40. לכך ישמש הסימן §. במידת הצורך יש תת־חלוקה אחרי נקודתיים, כגון 5:3§. הפתיחתות מסומלות Intr.

41. בידוע שבמקצת החיבורים, כגון בתוספתא, יש מחלוקת כתבי יד גם בענין מספור הפרקים וכד׳. אבל לא טרחנו כדי סימול משולש.

ה

1. עד שיתמלא חלל זה בידיעותינו נוכל לדבר אפוא על כתבי יד אלו גם כעל כתבי יד מימי הביניים.

2. על הבחנות שונות במונחים: חוץ־מסורתי, פרוטו־מסורתי, פרי־מסורתי, הש׳ *TL* 160 (והש׳ במפתח שם 206).

מבוא

א) מהדורות ביקורתיות[25] או ביקורתיות למחצה ולשליש[26];
ב) מסכתות התלמוד הבבלי, שלגביהן עמד לרשותנו חומר קולציות מקיף למדי[27];
ג) כתבי יד ודפוסים ראשונים[28] שנבדקו על ידינו;
ד) דפוסים רגילים[29];
כל מובאה באפארט יש להבינה בהתאם לצורת התיעוד לאותו מקור כנזכר ברשימתנו. היינו שסימון מסוג ׳כל כתבי היד׳ פירושו: ׳כל כתבי היד׳ ששימשו לאותה מהדורה, ואין לנו אלא מה שראו עינינו[30].

69. חילופי הגרסאות מן התלמוד הבבלי[31] נלקטו מכתבי יד וקטעי גניזה שאין אפשרות לפרטם, לתארם ולמיינם כאן. בסך הכל לוקטו החילופים מתוך ארבעים מקורות בערך, כולל דפוסים ראשונים, ולכל מסכת שימשו בממוצע עשרה־שנים עשר עדים. אחרי נסיונות רישום שונים החלטנו לקבוע סימולי אותיות מזהות לחמשה כתבי יד וארבעה דפוסים קדומים[32]. נוסף על העדים שזוהו בסימולי אותיות ושהם פחות או יותר קבועים ברוב הש״ס יש לכל מסכת מספר עדים נוספים שרק ׳נמנו׳, כגון שנאמר 2mss גורסים כך וכך.

70. אין החומר מספרות חז״ל מרובה עד כדי כך שהיה צורך לשמור על דירוג מוקפד של המקורות. על דרך כלל נאמר, שספרות תנאים באה בראש ושמדרשים שעריכתם קדומה קודמים למדרשים שנערכו במאוחר. המקורות הובאו כיחידות העומדות ברשות עצמן, ולא נכנסנו לבירור התלות ההדדית[33], אם כי מובן מאליו כי מה שרשום כהבאה משני מדרשים אפשר שערכו ערך עדות אחת, והמקור השואל אינו אלא כערך כתב יד של המקור המשאיל[34].

71. תחום הרישום לא הורחב לעת עתה אל מעבר לגבולות התלמודים והמדרשים, אם כי ברור שניתן לדלות חומר מספרות הפיוט, הפרשנות והסוד. אמנם נעשו נסיונות רישום, ובאופן ספורדי לגמרי מובא גם חומר ממקורות אלו[35].

72. לגבי רשימת המקורות (להלן § 99 וכו׳) יש לזכור את עקרונות הרישום הבאים:
א) הסימולים המקצרים אינם זהים להיקף המקורות שבספרות חז״ל. מצד אחד יש סימולים ליחידות שאינן מקורות עצמאיים — כגון מסכתות התלמוד — ומצד אחר יש מקורות שאינם מובאים אלא נדירות ולעת עתה לא נקבע להם סימול. כתיב ראשי התיבות תואם את כתיב המהדיר בשער, וזאת כדי להשיג אחדות בין הר״ת לרישום הביבליוגרפי שעל פיו נרשם הספר בספריות[36]. בקיצורים למסכתות וכד׳, כשאין לספר שער לועזי

25. מהדורות אלה מיעוט הן, כגון בראשית ו־ויקרא רבא או התוספתא בחלקה.
26. כגון רוב מהדורותיו של באבער.
27. ר׳ בפתח דבר ובסעיף הבא.
28. יש שמסיבה מסוימת לא נבדק דפוס ראשון אלא דפוס קדום אחר.
29. מן הטעמים האמורים השתמשנו בסתם דפוסים רק כשלא היתה לפנינו דרך אחרת. אין צריך לומר, כי חומר החילופים שבידינו מן החיבורים שבקבוצות א־ב הוא עשיר הרבה יותר, ואין הדבר תלוי בחיבור הנבדק.
30. יש שעורך השתמש למשל בכמה כתבי יד ובדפוס ראשון; ואלו לצרכי רישומנו יסומן הכל כ־mss, אלא אם צריך להדגיש במיוחד את העובדה שאחד העדים הוא דפוס.
31. ר׳ בפתח דבר.
32. אין בידינו לעת עתה תוצאות הבדיקות על ׳חשיבות׳ כתבי היד. הסימולים נבחרו בשים לב לרבוי יחסי של מובאות מאותו עד (משום שהוא כולל את הש״ס רובו וכד׳).
33. עד כדי כך, שאם ברשימת העדים למקור מסויים נמנה בין כתבי היד גם חיבור אחר – הנחשב לעורך כאלו הוא כתב יד, ומשום כך קבע לו סימול (כגון שהילקוט מופיע במערכת עדי המכילתא) – לא שינינו, ומנינו בעקבות המהדיר, גם אם הילקוט נחשב לנו כמקור בנפרד. אולם אם אין התיעוד אלא מן הילקוט, הבאנו רק אותו, ולא הבאנוהו כעד של חיבור קדום יותר.
34. גם לגבי הילקוטים ביטלנו את הציון של מקורותיהם, מאחר שרישום נסיוני עורר בעיות שונות שלא עלינו להיכנס כאן לבירורן. אולם הקפדנו להביא את הילקוט משום תפוצתו ושימושיותו לרוב המעיינים.
35. רק לגבי הזוהר הרחבנו מעט, ומובאות ממנו ניתנות בסימול Zo.
36. המעיין ברשימה יעמוד על הבעיות שהיה צריך למצוא להן פתרון מעשי, וספק אם הצלחנו. למשל, מדרש ידוע בקהל בשם שונה מזה הרשום בשער; שני מדרשים הדומים בשמותיהם הועתקו שעריהם בדרכים שונות מאד לאותיות לועזיות וכד׳. קיבלנו את שערי המהדירים כמות שהם, ורק במקום של תמיהה מרובה שינינו בהם קצת לשם האחדה. ראשי התיבות נקבעו לפי התעתיק בשער הלועזי, ובמידת הצורך הוספנו רימוזים בתוך רשימתנו.

ד. מגילות מדבר יהודה וספרות חז״ל

על כל המקורות: משנה ותוספתא, תלמודים ומדרשים[18]. אולם לאור ההפרשים הניכרים במהות החילופים המתקבלים מדפוסים מכאן וממהדורות ביקורתיות וכתבי יד מכאן, אין לראות את תהליך האיסוף כמושלם אלא לעתיד לבוא, כשכל הספרות הענפה תיפרס לפנינו על פי מקורותיה הכתבידיים, ורק אז אפשר לעבד בחנים לניצול סופי של החומר. מה שהגיע לרישום עבר ניפוי אחר ניפוי בידי עובדי המדור, מרכזו וראשו ולאחר מכן בידי עורך הכרך ועוזרו, ורק בחיבור רב־היקף ניתן לברר את שלבי הניפוי ונימוקיו. משום כל אלה ייחשב רישום זה לסלקטיבי[19].

65. פן החמור אולי יותר: ביחס לספרות חז״ל — והוא הדין ביחס למובאות אפארט III — מסלפת שיטת הרישום את התרשמותנו כמעט בהכרח. הרי פסוק או מלה עשויים לבוא בהרבה מקומות בספרות חז״ל — ולכל מקור כתבי יד משלו — ובכל אלה גרסתם כגרסת המסורה. ואלו באפארט ימצא בטוי דווקא אותו חילוף שבכתב יד אחד. בלי שיהיה בידינו רישום מלא של כל החומר המקראי בספרות חז״ל על מקורותיה, מסורותיה וכתבי ידיה אין דרך בטוחה לשקול את הגרסה הבודדת[20]. כרגע אין מנוס משיקול לפי בחנים המתקבלים על הדעת כסבירים: סוג המקור וקדמותו, תיעוד החילוף במקור אחד או במקורות אחדים, בכתב יד אחד או במסורת כולה, בכתב יד הידוע בדיוקו או ברשלנותו, אופי החילוף, הקבלות לו במקורות מחוץ לספרות חז״ל וכד׳[21]. ומכאן דברי האזהרה הכלליים דלעיל § 22.

66. ההבחנה החשובה ביותר היא בין גרסאות המתועדות כחילופים במובאות לבין אלו העולות מתוך הדרשה עצמה (המסומנים herm) או מסתברות משתי הדרכים כאחת (also herm). באורח עקרוני חשובות דווקא הגרסאות העולות מן הדרשה — והן המיעוט. אולם מעטים המקרים שלגביהם יש לנו בטחון גמור שאין פירוש אחר לדרשה, ולכן עצם הסימון herm פירושו כמעט תמיד גם שהרישום מוטל בספק.

67. סוג מסויים של גרסה אפשרית העולה מן הדרשה הוא המסומן באפארט ׳אל תקרי׳. על אף הויכוחים המרובים על אופין של דרשות אלו וסוגיהן השונים, הרי לצרכינו הזכרנו כל דרשה כזו שמאחוריה עשויה להסתתר גרסה[22]. בסימון ׳אל תקרי׳ סומנה כל דרשה הבאה בפירוש כך באחד המקורות, גם אם בכל המקומות המקבילים באה כסתם דרשה. אם הדרשה לפי אופיה מטיפוס ׳אל תקרי׳ אבל אינה מכונית כך בשום מקור תסומן herm. לעומת זאת הסתפקנו בסימן של ׳חילוף איברים׳ (~) לגבי אותם מקומות שבהם מובאים הכתובים שלא כסדרם, והמדרש מביאם בלשון ״מה כתיב אחריו״ וכד׳. ספק אם מותר לפרש כך את הביטוי, וכל הדרשות מסוג זה טעונות בירור לגופן. כל עוד לא נתחוור הדבר רשמנוהו משום ספק[23].

68. אין צריך להאריך בכך, שבמהדורות דפוס רגילות תוקנו רוב המובאות ה׳סוטות׳ בידי המדפיסים, ואפילו מהדירים ׳מודרניים׳־למחצה, שהשתמשו בכתב יד אחד או שניים, לרוב לא הקפידו בענין הבאת פסוקים. המקורות שעליהם הסתמכנו אפשר לחלקם כך[24]:

18. נותרו אך מעט מקורות שלא נבדקו עדיין כסדרם, ויש להניח כי בזמן הקרוב תסתיים בדיקתם. מכל מקום כלילת מקור מסוים ברשימה להלן פירושה שרשמנו מאותו מקור לפי המהדורה האמורה, אבל אפשר שבדיקת אותו מקור עדיין לא הושלמה.

19. כמובן לא הושם לב להבדלי מלא וחסר, להוספות וי״ו וכד׳. לעומת זאת נרשמו הבדלי כתיב אחרים.

20. בהתאם למבנהו של האפארט הכרענו שלא לכלול עדות לטובת 𝔊 גם לא במקום שהאחרונים העלו פקפוקים על סמך התרגומים. כל כגון אלו ימצאו את תיקונם רק במסגרת מחקר מקיף על ׳נוסח המקרא בספרות חז״ל׳. דרך משל: 5 48 יש מטילים ספק בלשון ׳קָרָא׳, אבל בפסיקתא רבתי פי׳ יב (נ״ב ע״א) משתמשת הדרשה בהקשר זה בלשון: ״... לתלות אותך בקורה״. ומאידך גיסא: רישומנו 5 1 מציין חילוף (״ב ב ע ל בן שמן״) — וקרוב לומר שניתן לגלות את סיבתו על פי שיר השירים 11 8. ואלו מספרי דברים פי׳ לז (73) עולה הנוסחה המסורתית, אלא שרישומנו אינו רושם זאת.

21. כבר ציינו (לעיל §§ 12, 27) שהרבה יש להסביר, ואינו אלא ענין לפירוש העתיד להיכתב. רק במקרים מועטים הוספנו אפוא הערות. לעומת הרחבה מספק במקום של גרסה שונה, הוכרע בדרך כלל שלא להביא חילוף שאינו אלא השמטת מלה או מלים. שכן כך דרכם של דרשנים (ושל מעתיקים) לקצר בפסוקים, ומן הסתם אין בכך עדות לגרסה.

22. ולהפך: כשהדרשה חפשית נמנענו מלהביאה. גם כאן יפה הכלל, כי מה שאינו ראוי לרישום בזכות עצמו באפארט II עשוי לשמש הסבר לגבי אפארט I (ר׳ לעיל § 42). והש׳ למשל 9 11.

23. במקום שלשון ׳מה כתיב אחריו׳ אינו מתקבל כלל כמתפרש לענין חילוף סדר, לא רשמנו.

24. רשימת המקורות ניתנת בסוף המבוא.

60. בקולציה של כתבי היד העבריים השתמשנו בסימולי נקודות כדלקמן[10]:

א) נקודה מעל לאות כגון בׄ: אין בטחון בקריאת האות משום שנזוקה, כגון במקרה של לאקונה[11];

ב) עיגול מעל לאות כגון י̊: אין בטחון באינטרפרטציה של האות (אבל אין נזק בכתב היד)[12];

ג) נקודה באמצע מלה בין אות לאות מסמלת רווח כשניכרים שרידי אות, כגון: ב·מה.

61. בשלב ההגהות הושוו הקולציות שמן הצילום עם Is-a במקורה, ונוכל להוסיף את הדיוקים הבאים[13]:

ב, ז: ותמלא — הוי״ו כמעט אין בה ספק

ב, יז: [הׄ] אדם — אין להבחין עוד בשרידי ה״א

ושפל — הוי״ו כמעט אין בה ספק

ההוא — אין גרד מכוון אלא התקלפות הקלף

ה, ה: אודיעה — אין להבחין בשום שריד של אות אחרי העי״ן

משוכתו — לפי הצילום נראתה ש מסופקת; לפי המקור כנראה כוונה ס

ה, ח: לבדכם — ניכרים עקבות ברורים של ל

ה, יד: ועלז — האות הראשונה כנראה י

ה, כה: ידו — לכאורה נכתבה י שניה ונמחקה; אבל מה שנראה כמחיקה הוא התקלפות הקלף

יא, ב: וגבורה — הרי״ש ברורה למדי

יא, ג: והריחו — הוי״ו כמעט אין בה ספק

יא, ד: לענוי — יד ראשונה כנראה לעניי ושונה ל־לענוי

יא, ה: והיה — ה שניה: אין גרד מכוון אלא התקלפות הקלף

יא, ו: ירבץ — ץ: אין גרד מכוון אלא התקלפות הקלף

יא, ז: תרעינה — ת: אין גרד מכוון אלא התקלפות הקלף

יא, טו: והדריך — מעיקרא כנראה: והדריכו

62. רישום החומר מיתר המגילות בוצע לפי ההנחיות להבאות מ־Is-a. בדומה לאמור לעיל § 49 קיימת גם ברישום מכתבי יד עבריים הבעיה, כי מה שנראה כסטיה זהה בשני עדים ערכו עשוי להיות שונה, בשים לב לסטרוקטורה האורתוגרפית או לנוהג הלשוני של כל מקור נתון[14]. חילופים מסוג זה נרשמו בין סוגריים מזונבים {}[15].

63. לגבי המהדורה בכללותה תעמוד שאלת המובאות מן המקרא במגילות הלא־מקראיות[16]. ביחס לפרקים הניתנים כאן אין השאלה מתעוררת למעשה[17]. במקום שיש מובאות מיותר מאשר מגילה אחת יסודרו בהתאם לסדר שב־§ 59, וכל מובאה מן המגילות תקדם למובאה לאותו דה״מ מספרות חז״ל. גרסאות זהות המופיעות (בהבדל אורתוגרפי זעיר) גם בספרות חז״ל וגם במגילות יובאו לפי כתיב המגילות, כל עוד המדובר בהבדל כגון חסר ומלא בלבד.

64. לפי עצם טבעו צריך הרישום מספרות חז״ל להיחשב לסלקטיבי. אמנם מותר לומר, כי עברנו כמעט

10. דרך רישום זו נוגעת גם לאפארט III; על הסימולים הגראפיים בכלל הש׳ לעיל § 52.

11. הסימול הכללי לאי־בהירות בקריאה הוא dub.

12. סימול זה משמש בספקות משום דמיונות גראפיים שקשה להכריע בהם. עקרון הרישום: אם בנוסח המסורה יש ן ואנו מסתפקים שמא בכתב היד יש י הרי רשמנו י̊ — ולהיפך. מסיבות טיפוגרפיות סודר העיגול גבוה למדי מעל לאות.

13. תודתנו נתונה להנהלת היכל הספר שאפשרה לנו לבצע את הבדיקה. אנו מקווים שנוכל להוסיף ולהציע שורת דיוקי קריאה בהזדמנות קרובה.

14. הש׳ לבעיה זו *TL* 97 f.

15. בפרקים אלו יש רישומים מסוג זה ביחס למובאות מן הפרגמנט $4Q_{p-b}$ המרבה, למשל, יחסית בחילופים מן הטיפוס הנזכר בפרק ג׳ הע׳ 85.

16. נסיון ראשון לבירור מסוג זה פרסמתי ב־*VT* 3 (1953), והמשיך Rabin, *JThSt* 6 (1955). בדיקת המגילות הלא־מקראיות נערכה בידי מר מ׳ אילת.

17. ברישום מלא היה צריך לרשום את הכתיב ׳הואה׳ ל־22 2 מתוך מגילת הסרכים ה 17, ואולי גם את הביטוי ׳וגבורתם כעשן נמלח׳ אגב 6 51 מתוך מגילת המלחמה טז 10.

ד. מגילות מדבר יהודה וספרות חז״ל

57. כדי שלא להרבות בפיצול אפארטים, הובאו החילופים משני סוגי המקורות במסגרת אפארט אחד זה[2]. הצד השווה, שכל אלה מסורים לנו בעברית (בנגוד לחומר של אפארט I) ושאינם חלק מכתב יד עברי מקראי מראשית ימי המסרנים ואילך (שלא כבאפארט III). אבל גובר הצד השונה[3]: חומר המגילות בא בעיקר מכתבי יד מקראיים, שלמים או חלקיים, ואלו החומר החז״לי בא ממובאות או מדרשות. זה בא אלינו כצורת כתיבתו לפני כאלפיים שנה; וזה אך התחיל להתגלגל מאז — ולפניך סבך הבעיות של מסורת קדומה, ימי גיבוש ספרותי, קשרי מקורות, משפחות כתבי יד ומעשי מדפיסים ומהדירים במשך אלפיים שנה מאז. זה אתה נוטלו ורושמו, ופרט לשאלות של פליאוגרפיה או קלקול כתב היד אין לך אלא בעיות של מלאכת קולציה — ויש שפרק או אף ספר שלם לפניך, עד כי העדר רישום מתפרש באופן אוטומטי כזהות טכסטואלית עם נוסח המסורה; וזה אחרי כל העמל לעולם אין לגביו בטחון גמור ואין לך אלא קרעי מובאות שאינם מתאחים כדי שלמות. זה לפחות בחלקו עלה על הכתב בתקופה שלפני השתלטות ה׳טיפוס המסורתי׳ — ומכלול העדות שבו לגבי חילופים אפשר שביחס לפרקים מסוימים במקרא לא תפול בחשיבותה מן העדות הכלולה באפארט I; וזה משתייך למעשה כולו ל׳טיפוס המסורתי׳, עם שנתערבו בו טיפין של מסורת אחרת.

58. הפרש זה שבין שני סוגי המקורות על דרך כלל אמור. ביחס לספרנו אין בידינו כידוע כתב יד מן המגילות שאינו מן הטיפוס המסורתי[4], על אף ההבדלים שבין כתבי היד שברשותנו. בראייה ראשונה נראות הגרסאות מספרות חז״ל ׳מרשימות׳ יותר. אולם אילו נשקלו במסגרת רישום כולל של כל התיעוד שבספרות חז״ל, היה הרושם משתנה[5]. כמובן גם מצד הכמות חומר הגרסאות ה׳ענייניות׳ מספרות חז״ל הוא לעת עתה הרוב.

59. המובאות מן המגילות נתלקטו מארבעה מקורות:

א) מגילת ישעיהו המכונית ׳שלמה׳ ממערת קמראן א׳, וסמלה Is-a. רק ביחס למגילה זו ניתן ללמוד מ׳שתיקת׳ האפארט;

ב) מגילת ישעיהו ה׳חלקית׳ מאותה מערה, וסמלה Is-b;

ג) מובאות מפשרים או קטעים — לפרקים שלפנינו יש חומר מפשר אחד בלבד שסומל $4Q_{p-b}$[6];

ד) מובאות ממגילות לא־מקראיות.

על אף עליות וירידות בהערכת Is-a לא איבדה מגילה זו את מקומה המיוחד כמגילה שלמה וכמעט בלתי־נזוקה של ספר רב־היקף. לאחר נסיונות שונים של רישום חלקי נתחוור, כי הרווח בהוצאת הגרסאות ה׳דקדוקיות׳ מכלל הרישום הוא מועט, והוכרע לרשום רישום מלא[7]. זה אפוא פרסום ראשון של קולצית כל המגילה כסדרה[8]. בגלל אופיו של המקור והבדלי סופרים בחלקיו השונים של הספר, הוכרעה אפוא במקרה זה הדילמה הידועה בענין רישום תופעות פונולוגיות ומורפולוגיות או הוצאתם למבוא, לצד כלילתם[9]. חילופים אורתוגראפיים גרידא, ובעיקר חילופי מלא וחסר, לא נכללו אלא לסיבות מיוחדות.

2. הש׳ לעיל §§ 7, 14.

3. לא נעלם מאתנו שהצורך המעשי שלא להרבות אפארטים הביא לכך שספרות חכמינו זווגה עם כתבי יד שהיו בידי כת. אבל בעיה ׳אידיאולוגית׳ זו לא יכולה היתה להכריע בשאלת מבנה האפארטים.

4. אפשר שאלו נמצא מיד עם התגלות המגילות כתב יד שאינו מן הטיפוס המסורתי, היה נחסך מאתנו הויכוח על ׳ערכן׳ של המגילות; והדברים אינם צריכים פירוט בזה.

5. אין זו אלא אפליקציה אחרת של בדיקת הסטרוקטורה.

6. קטע זה בסמלו המלא הוא $4Q_pIs_b$ והוא נתפרסם על ידי Allegro, *JBL* 77 (1958) 215 f. בשביל ראשית פרק י״א יש בידינו גם הקטע שסמלו $4Q_pIs_a$, שנתפרסם על ידו שם vol 75 (1956) 180 f. אבל אין בו דבר המצריך רישום. סימולינו תואמו מתוך הסמלים הנ״ל, וכמובן אין בהם נקיטת עמדה בסוגית שיוך המגילות למערות שונות.

7. רישום זה כולל גם חילופי כתיב וקרי (ר׳ לעיל, § 44), אבל כאן הרישום מלא. בפרקי דוגמה אלו נרשם כל חומר המגילות הידוע ברישום מלא, אבל אין בזה הכרעה שגם להבא יירשם הכל בדרך זו.

8. רשימת קולציות ראשונה נתפרסמה בידי אייספלדט כתוספת ל־Biblia Hebraica[3] ותיקונים נתפרסמו על ידי כותב טורים אלו ב־*Biblica* 34 (1954), ועל ידי ד״ש לוינגר ב־*VT* 4 (1954). ור׳ תיקונים נוספים בחיבורו של קוטשר, הלשון והרקע הלשוני של מגילת ישעיהו השלמה (תשי״ט), 528—529. כיון שרישום מלא זה אפשר שיקבע ברכה לעצמו נכללה גם וי״ו, שלא לפי ההנחיות הכלליות שלנו לרישום (ר׳ לעיל § 37).

9. הארגומנטים לטובת פירוט שינויי כתיב — שיש בהם לעתים משום פתח להסבר גרסאות בכלל — ברורים וידועים, כדרך שברור שאין ברכה אם נרשם כל כתיב מסוג ׳כיא׳. כמובן אין מן הנמנע שטעינו בשיקולינו; והש׳ למשל באחרונה בפרשת לימוד לקח מעניני כתיב את דבריו הבוטים של אורלינסקי ב־*The Bible and the Ancient Near East*, Essays in Honor of W. F. Albright (1961) 121 f.

ras — מחיקה או גרד בכתב יד[88]

rectio — שינוי במבחר מלות יחס או שעבוד המושא (בהתאם לחוקי הלשון של המתרגם)

reduct — דילול על ידי השמטת אבר (תקבולתי)[89]

slot — החלפת מלה ׳מיותרת׳ או מוקשה ומילוי המקום ש׳נתפנה׳ במלה המוסיפה להסבר הענין, לתמונה וכו׳[90]

sm — יד שניה, לסימון מצב כ״י כמות שהוא נראה עתה (בניגוד למה שנכתב בו מעיקרא)[91]

sol — ר׳ במבוא לאפארט III

struct — שינוי בתפיסת מבנה המשפט או חלוקת המלים בין מאמרי המשפט

synt — שינוי שיסודו בהקלה או תיאום בתחביר

telesc — צמצום התמונה, איחוד צלעות או עריכה אחרת של מאמרי המשפט תוך צמצומם[92]

transcr — ההסבר לפי עקרון התעתיק (ליונית)[93]

use — שינוי המתבאר ממנהגו הלשוני או הפרשני של המתרגם[94]

v. — פסוק[95]

var — התחלפות כגון synt var[96]

verss — כלל התרגומים או מרביתם; ר׳ לעיל § 46.

voc — ברישום no voc, היינו שהמלה אינה מנוקדת[97]

vocal — שינוי המתבטא לגבינו בניקוד המלה[98]

ד. אפארט II: מגילות מדבר יהודה וספרות חז״ל

56. טיפוס החילופים שנכללו באפארטים I ו־III כבר שימש בעבר במסגרת מהדורות מקרא; אפארט II הוא חידוש מטריאלי במהדורה זו[1]. בעוד הרישום מן המגילות אינו מעורר קשיים מיוחדים — והוא מן הענינים הפשוטים יחסית שבמהדורה זו, באשר בעיותיו המתודיות הן מסוג הבעיות המתעוררות לעולם בקולציה של כתבי יד — הרי הרישום מספרות חז״ל אינו אלא נסיון ראשון להתגבר על המכשולים הנערמים לפני מי שמבקש לנצל חומר זה במסגרת אפארט.

88. סימול באפארטים II ו־III.

89. מצד אחד יש ניגוד בין reduct לבין parall; מצד אחר יש גם parall reduct, היינו ציון העובדה כי ב־𝔊 יש תקבולת ממשית אשר דוללה בתרגום. ור׳ dupl, telesc.

90. הש׳ בענין זה לעת עתה TPTC 152 f.

91. סימול באפארטים II ו־III. ר׳ הע׳ 86.

92. להבדיל מ־reduct אינו ענין לאברים מקבילים.

93. עצם הסימול הזה יש בו מידה רבה של הטלת ספק. ור׳ לעיל הע׳ 14.

94. ר׳ equiv.

95. פסוקים אחדים מסומלים vv.

96. חילוף כזה אפשר שיהיה מכוון בשים לב למבנה של העברית או למבנה לשון התרגום (target language), ובהתאם לכך ישתנה השיפוט.

97. סימול באפארט III. לסימול זה אנו נזקקים במקרים רבים כשהסופר סטה מ־𝔊 ואחר כך לא נוקדה המלה (בין שהסופר עצמו הוא המנקד בין שניקד אחר אחריו).

98. סימול זה פוטר אותנו מלפרט אפשרויות שונות של קריאת המלה, ואין צריך לומר כי רק למען הנוחיות תואר המצב כאלו מדובר ב׳ניקוד׳ שונה. פירוש הסימול, אפוא, כי אלו נהגנו לפי מנהגי המסורת הטברנית, יכלנו לתאר את החילוף כשוני של ניקוד (המיצג לרוב דגם שונה) ולא כשוני של גרסת אותיות.

ד

1. אין צריך לומר, כי כל מי שנזקק לסוגית המובאות שבספרות חז״ל יודע להעריך את מפעלו החלוצי של Aptowitzer, *Das Schriftwort in der rabbinischen Literatur* (1906—1915)

ג. התרגומים

dub — קריאה מסופקת[71]

dupl — כפל בכתיבה, בקריאה, בתרגום או בפירוש של מלה[72]

equiv — מלה או בטוי הנחשבים לשווי־ערך וניתנים להחלפה סגנונית או מילונית[73]

etym — פירוש שיסודו בהבנה אטימולוגית מסוימת

evid — בעיקר בצורה no evid או כדומה, היינו אין בידינו ראיה לטובת הנחת גרסה, על פי הידוע מדרך המתרגם בכללותה

ex — שנוי הבא כהשפעה ישירה או שאולה ממש[74] מפסוק אחר

exeg — שינוי שיסודו בפרשנות מאיזה סוג שהוא, לעתים בתוספת תחום הפרשנות כגון theol, geograph וכד׳[75]

gloss — הערה מבארת של מתרגם (מעתיק וכו׳) שנכנסה לטכסט (וגורמת לעתים ל־dupl)

graph — שינוי שיסודו בדמיון גראפי

hapl — השמטת אות (בגלל דמיון כתב או צלצול)[76]

herm — ר׳ במבוא לאפארט II, § 66

homoio — השמטת דילוגים (משום דמיון או זהות בצירוף אותיות או מלה חוזרת)[77]

idiom — הביטוי אהוד במיוחד על המתרגם או אידיומטי באותה לשון

imit — הרישום בדרך כלל sound imit, היינו התרגום מתבאר על פי הנחת חיקוי הצליל של המלה העברית[78]

lac — מקום פנוי או קרוע (׳לאקונה׳)[79]

lem — רימוז לדה״מ אחר מזה שבו עומדים[80]

marg — רישום בשוליים[81]

om — השמטה[82]

once — מופיע פעם אחת בלבד מתוך פעמיים (או יותר) שבמקור או בעמוד האמור[83]

opp — ניגוד בין שתי מלים או שתי צורות; הַנֶּגֶד!

parall — שינוי שיסודו ברצון המתרגם להשיג תקבולת מושלמת יותר (לעתים תוך פישוט המבנה התחבירי)[84]

phon — שינוי שיסודו בדמיון או בהידמות היגויית[85]

pm — יד ראשונה, לסימון מצב קודם של כתב היד[86]

pr — מלה או מלים שהוקדמו[87]

71. בעיקר באפארטים II ו־III. הכוונה בעיקר לספקות מחמת לאקונה, נזק בכתב היד או טשטוש בצילום. והשׁ׳ סימון הנקודות להלן § 60.
72. אפשרויות שונות אלו הן בטוי לתיאור שונה של יחסי מקור ותרגום ושל שיטת המתרגמים. אחרי שתחילה נקבעו סימולים נפרדים התברר, כי לרוב צריך להתחשב ביותר מאפשרות אחת; לכן נקבע סימול אחיד. ור׳ .reduct, parall, gloss
73. ר׳ .use
74. בניגוד ל־cf הכללי, שהוא פחות החלטי ומסופק יותר.
75. אפשר היה לפרט תת־קבוצות שונות, אך המעטנו. הסימול exeg עשוי להיראות שכיח מדי; אך זו המציאות של התרגומים.
76. ר׳ .ditt
77. בעיקר — אבל לא רק — .homoioteleuton
78. השׁ׳ למשל דוגמאות ב־30,6 5.
79. סימול זה באפארטים II ו־III.
80. בכתיבה עברית בסימון דה״מ (= דבור המתחיל); השׁ׳ לעיל § 40.
81. סימול זה באפארטים II ו־III.
82. סימול זה גם כרישום כללי לפי העקרונות של קבוצה β לעיל. לעתים גם parall om, היינו השמטה לשם השגת תקבולת.
83. סימול באפארט II; כלומר: ציטוט סוטה מ־𝔊 רק פעם אחת. ר׳ .bis
84. ר׳ .dupl; reduct
85. כגון חילופי ה״א ויו״ד אחרי תנועת e בסופי מלים (השׁ׳ *TL* 86 f.). ור׳ הע׳ 63 לעיל.
86. סימול באפארטים II ו־III. סימול זה מתיחס רק לכתב היד שעל ידו נרשם. סימון זה בא רק כדי לקבוע שחל שינוי בכתב היד — בהעברת קולמוס, בתיקון, ברישום מעל המלה, במחיקה וכו׳. מכיון שרוב עבודתנו מצילומים ויתרנו על הנסיון לקבוע, אם השינוי בא מידי הסופר הראשון עצמו או מיד אחרת.
87. בהתאם לענין משמש סימול זה בצד init; ר׳ לעיל § 43.

מבוא

53. α) סמלי לשונות[54]: Acc (אכדית), Arab (ערבית), Aram (ארמית), Can (להג כנעני או כנעני עתיק), Eg (מצרית), Ug (אוגריתית)[55].

54. β) סמלי התופעות[56] הבאים במקום ציטוט מדויק של המקור, ואין צורך שיבוא כנגדם פירוש מעבר למקביליים[57]:

divine – חילוף (או תוספת) בשם האלוהות[58]

num – חילוף בין יחיד לרבים בשמות[59]

pers – חילוף בגופים, במין ובמספר, כולל תוספת סימון גוף שבמעבר מצורת מקור לפועל בנטייה[60].

pron – תוספת כנויים, במיוחד בכל הנוגע ל־rectio של פעלים[61].
גם חלופי כנוי בתוית היידוע יכולים להיכלל כאן.

temp – חילוף בין ׳זמני׳ הפועל, כולל חילופים המתבטאים בניקוד הוי״ו ב׳זמנים מהופכים׳.

voice – חילוף בביטוי פעיל־סביל, בעיקר בביטויים שנושאם אינו מפורש[62].

55. γ) סמלי תופעות שעיקרם בהסברים ובשיקולים[63]:

abbrev – שינוי המסתבר מהנחת כתיבה בדרך קיצור מלה[64]

add – תוספת; נוסף[65]

anthropom – שינוי שיסודו ברצון להימנע מתיאור של הגשמת האלוהות

app – רימוז לנאמר במקום אחר באחד האפארטים[66]

assim – הידמות אל מלה או אל צורה[67]

atten – הקלשה או החלשה בבחירת מלה; שמוש במלה ׳חוורת׳ יותר

bis – נמצא פעמיים באותו מקור, עמוד וכד׳[68]

conjec – השערת דרך קריאה שאין לה בסיס בתיעוד

constr – הבנת הצורה כצורת שם בנסמך

dissim – התרחקות מכוונת ממלה או מצורה דומה[69]

ditt – כפל אות בגלל דמיון כתב[70]

54. רק סימולי קבוצה α באה בראשם אות גדולה, באשר הם מתיחסים לשפות.

55. לשפות אחרות לא נקבע סימול.

56. רשימה זו והבאה אחריה יש בהן מעין תקציר לנושאים החשובים ביותר של ׳אינדכס התופעות׳.

57. השי׳ לעיל § 41. דרך רישום זו אינה מונעת פירוט נימוקים מימין למקביליים כשראינו צורך בכך.

58. בדרך כלל מסומל שם הוי״ה על ידי ה׳. רק כשיש הכרח גמור – כגון לשם הסברה של התהוות גרסה – פורש השם באותיותיו.

59. חילופים מסוג זה עשויים להשתרע אפילו על מספר פסוקים. סימול כזה הבא כהערה כוללת אין כוונתו שכל תרגום גורס כן בכל מלה אפשרית, אלא שזו תופעה כוללנית באותו פסוק או באותם פסוקים. כל סימול כללי כזה עשוי לרמוז לאפשרויות ההסבר השונות המתאימות, והוא כולל כמובן גם נסיונות הסבר על ידי הנחת מ״ם אנקליטית, כפי שנהפך לאפנה בעקבות שימושו באוגריתית. השי׳ לעיל הע׳ 14.

60. יש שבמקום רישום מסובך של המקורות השונים קיצרנו ורשמנו צורה עברית בסוגריים, ואז אין דינה דין שחזור מוצע אלא נקיטת לשון קצרה. תרגום צורת מקור עברית על ידי צורה נוטה נחשב לנו לרוב להכרח תרגומי (כגון 16 51), ולא כל תרגום כזה צריך סימון באפארט.

61. הסימון בדרך כלל om pron/+pron. דווקא בענין זה אפשר שלא תמיד כיוונו בהכרעה לגבי מה טעון רישום, בשים לב למנהגי הלשון המנוגדים של הפשיטתא מכאן ושל השבעים מכאן.

62. על נושא זה ר׳ באחרונה Rabin, *Textus* 2: 60 f. לקבוצה זו שייכת גם המלה ׳כל׳; השי׳ *TPTC* n. 12. הרישום: כל+ / כל om.

63. לעתים אפשר להסביר את התופעה בכמה דרכים, ולא הקפדנו למנות בכל מקום את כל האפשרויות; השי׳ *TPTC*, n. 10. למשל, החילוף ־ו:־יו הוא num; אבל משום שייתכן שיסודו בניטרליזציה של הניגוד בעקבות המונופתונגיזציה של ־יו הוא גם phon. החילוף ־נו:־ם הוא pers, אבל גם graph.

64. ר׳ באחרונה את מאמריו של Driver, *Textus* 1: 112 f; 4: 76 f. כאמור לעיל הע׳ 14 אנו ממעטים בהנחה זו.

65. ברישום זה כלולות גם הוספות פרשניות מפסוקים אחרים.

66. לא הקפדנו, וכבר הזכרנו בכרך זה מראי מקומות לאפארטים של פרקים שייכללו רק במהדורה הסופית.

67. ר׳ dissim.

68. רישום זה בעיקר באפארט II; ר׳ once.

69. ר׳ assim.

70. ר׳ hapl.

ג. התרגומים

𝔊 אינו מצוטט על פי מהדורה מסוימת אלא על פי כלל העדות לפי האוסף של דיטריך[44], ועל פיה נקבע אם לסייג את הרישום בסוגריים מרובעים. עדות כל כתבי היד הקדומים בניגוד לדפוסים אינה נחשבת לטעונה סיוג[45]. לעתים סויג רישומנו בלי שתוכר הסיבה מאוספו של דיטריך. במקרים אלו הסתמכנו על הקולציות שלנו מכתבי היד שבדקנו אותם בעצמנו.

𝔏 סיוגינו לתרגום זה באים מתוך טיוטה ראשונה של טכסט שהועמדה לרשותנו על ידי מפעל הוצאת־הוולגטה של מסדר הבנדיקטינים ומנוסח דבריו של הירונימוס בפירושו[46].

𝔄 מובא בהתאם לחומר המהדורה הביקורתית העומדת לצאת לאור במסגרת מפעלנו[47].

52. ההסברים שבאפארט ניתן לחלקם לשלושה סוגים:

(א) הסברים מלוליים בניסוח קצר מאד[48].

(ב) סמלים גראפיים שבהם מיעטנו ביותר. סמלים אלו מתפרטים כדלקמן[49]:

+ — תוספת לטכסט

~ — העברת מקום של מלים או של חלקי משפט[50]

↓ — רמז לאפארט אחר[51]

⇆ — משוחזר או נולד מתוך; מתפתח לקראת

⌣ — נקרא ביחד כיחידת משפט אחת (בטעם מחבר)

∧ — נקרא בהפסק בין חלקי המבע (בטעם מפסיק)

√ — רמז לשורש (בלי קביעת עמדה ביחס לצורה דקדוקית מיוחדת)[52]

① — המלה שייכת או מתפרשת לפי ׳עגול׳ משמעי־׳תקבולתי׳ של מלה אחרת
ור׳ את הסמלים ב־§§ 40; 42; 47; 48.

(ג) סמלים מלוליים — שאין בסופם נקודה — אשר משמעם מתבאר (חלקית) מן הסמל עצמו[53]. סמלים אלו מתחלקים לשלוש קבוצות:

44. *Ein Apparatus Criticus zur Pešitto zum Propheten Jesaia*, herausgegeben von… G. Diettrich (*Beihefte ZAW* VIII; Giessen 1905).
לאור מה שהערתי *TL* 173 אוסיף, כי לעבודת יומיום השתמשנו במהדורת אורמיה (ע״י Trinitarian Bible Society).

45. הוספנו סימן קריאה לאמר שרישומנו אינו טעות, ויש שפירשנו 𝔊mss. במקום של תימה גדול תפורש הגרסה בהערות.

46. לפי עקרון סימול השפות משמש 𝔏 לוולגטה. התרגום הלטיני הקדמון נחשב לתרגום משני לשבעים, ובמידת הצורך התחשבנו בעדותו לפי האפארט לשבעים. כרך ישעיהו במהדורה הביקרתית של הוולגטה במסגרת Biblia Sacra iuxta Latinam Vulgatam Versionem… cura et studio monachorum S. Benedicti commissionis כנראה לא יצא בעתיד הקרוב. המסקנות שהסקנו מאותה טיוטה הן על אחריותנו בלבד, ותודתנו נתונה על אדיבותם של העורכים. על דרך ההבאה מפירושו של הירונימוס הש׳ דבריו של ב׳ קדר־קופשטיין, *Textus* 4:178.

47. מהדורה זו היא מעשה ידיו של י׳ שונרי בהדרכתו של פרופ׳ ח׳ רבין. הש׳ *Textus* 4:232.

48. לא הקפדתי לומר דברים בלשון מנוסחת ונאה. במלים ארוכות הושמטו סופיות הגזירה והנטיה והושאר הבסיס ה׳סמנטימי׳ בלבד, ובסופן באה נקודה.

49. סוגריים משמשים כמקובל. סוגריים מרובעים להשלמות ולהקפת לאקונות (באפארט II), אך אינם מסמנים את אורך הלאקונה במדויק. לענין סימול מסורת חלקית של תרגום ר׳ לעיל §§ 46, 51. סימני שאלה וקריאה הוכנסו לסימון ספקות והדגשות. סימנים אלו באים אחרי המלה בהתאם לכוון הקריאה (היינו משמאל למלה בכתב שמי). על הסוגריים המזונבים ר׳ לעיל § 49. על השימוש בנקודות ר׳ § 60.

50. במקרה של חילופים של קבוצות מלים בא הסימן ~ במקום המתאים בדה״מ, והוא חוזר אחרי הסוגר, כגון 5 20.

51. ר׳ לעיל § 23.

52. לצורך הדיון בפרשנות שרשים אנו מניחים שהמתרגמים פירשו הרבה על פי שיטת שתי אותיות, כגון שנדבר על √ אש 5 24. כמובן אין בכך שום נקיטת עמדה כלפי תאוריות בלשניות חדשות.

53. כדי למנוע את הצורך לחזור ולפרט ברשימה כוללת, נכללו כאן למעשה כל הסימולים המילוליים, גם הנוהגים ביתר האפארטים. רשימות סימולי המקורות באות בסוף המבוא.
מתוך הרישום אפשר לעמוד במשהו על מה שבולט באינדכס התופעות שלנו, היינו שנטיות המתרגמים יש בהן, במופשט, דבר והיפוכו. אך ראוי להבחין: סימנים מסוג om, hapl באים לשם ציון הערכה, היינו שאם נצא ממקור מסוים נראה האחר כמשמיט. כמעט ממילא אמור בכך, שאפשר להפוך את הקערה על פיה (ר׳ לעיל § 34). ואלו סימונים מסוג reduct, parall רומזים על נטיות מנוגדות במעשהו של המתרגם עצמו ושל התרגומים בכלל.

𝔗 — לפי מהדורת שפרבר, שהושוותה עם מהדורת סטנינג[35].

𝔊 — לפי מהדורת ציגלר[36], אך לא פעם סטינו מהערכותיו ומשחזוריו. מטבע הענינים כי לגבי תרגום זה יש סיוגים והבחנות יותר מאשר לגבי כל האחרים יחד, ובעיבודנו סימלנו את הפירוטים כדלקמן:

[𝔊] — חלק ניכר של מסורת השבעים, אשר אין לסווגו בפירוש כמשתייך לקבוצה מוגדרת (הכספלארית, לוקיאנית, מצרית וכו׳).

⟦𝔊⟧ — רוב מסורת השבעים, אך בכל זאת יש מסורות סוטות שאין להגדירן בדיוק לפי קבוצתן. אם יש במסורת כתבי היד עדות מפורשת שמסורת מסוימת נרשמה בחלק מן העדים ׳בסימן כוכבית׳, הוספנו כוכבית בסוגריים (*)[37]. לעומת זאת לא טיפלנו בחומר שהוא בבירור בעל אופי הכספלארי או לוקיאני, וכל ענינו תיאום השבעים לנוסח העברי, אלא אם יש בחומר זה עצמו משום עדות לספק גרסה[38].

𝔊 בתוספת אות לטינית גדולה, סמל לכתב יד או תת־מסורת[39]:

$\mathfrak{G}_{A}$ — כתב יד אלכסנדרינוס[40]

$\mathfrak{G}_{B}$ — כתב יד ווטיקאנוס

$\mathfrak{G}_{L}$ — המסורת המכונית לוקיאנית וכו׳

𝔊 בתוספת שתי אותיות קטנות, סמל למה שנחשב לתרגום משני:

$\mathfrak{G}_{bo}$ — התרגום הבוחירי

$\mathfrak{G}_{sa}$ — התרגום הסעידי

$\mathfrak{G}_{sh}$ — התרגום הסירוהכספלרי

$\mathfrak{G}_{sp}$ — התרגום הסורי־ארצישראלי[41]

$\mathfrak{G}_{vl}$ — התרגום הלטיני העתיק (vetus latina)

𝔊 בתוספת אות יונית, סמל לתרגומים היוניים המאוחרים[42]:

$\mathfrak{G}_{\alpha}$ — תרגומו של עקילס

$\mathfrak{G}_{\sigma}$ — תרגומו של סומכוס

$\mathfrak{G}_{\theta}$ — תרגומו של תאודוטיון

$\mathfrak{G}_{\gamma}$ — שלשת התרגומים האמורים יחד[43]

$\mathfrak{G}_{\varepsilon}$ — התרגום המכונה quinta

הבסיס התרגומי (הארמי) המשוער שעליו מסתמכים לעתים לשם הבנת 𝔊 מסומל 𝔊-Targ.

35. *The Bible in Aramaic* ed. by A. Sperber vol III: The Latter Prophets... (Leiden 1962); *The Targum of Isaiah*, ed. by J. F. Stenning (Oxford 1949). הצורך לסייג מובאה בסוגריים כדי לסמל את פילוג המסורת [𝔗] נקבע על פי מהדורת שפרבר.

36. Septuaginta... Auctor. Societ. Litt. Gotting. vol. XIV, *Isaias*—ed. Joseph Ziegler (Goettingen 1939).

37. מטעמים טכניים לא עלה בידינו להשתמש בצורת הכוכבית המקובלת למטרה זו.

38. משום בעית ה׳פרוטו־תרגומים׳, המעסיקה באחרונה את החוקרים, מצווים אנו לנהוג זהירות גם בענין זה. הש׳ Barthélemy, *Les Devanciers d'Aquila* (Leiden 1963); *RTBT* n. 65.

39. הסימונים בעקבות ציגלר וכמקובל בספרות.

40. בעקבות ציגלר גם $\mathfrak{G}_{A'}$ (= כה״י אלכסנדרינוס וכן 106 וכד׳. ויעוין על הכל בקיצוריו.

41. התרגומים המשניים בארמית נזכרו לא רק משום שיש בהם מסורות חוץ־ספטואגינטאליות, אלא משום שבתור תרגומים בלהג ארמי יש בהם לעתים כדי להאיר הארה לשונית. אבל מובן, שהתרגום הסורי־ארצישראלי נחשב לנו ככולל מסורות תרגומיות שלא דרך השבעים, ור׳ במבוא למהדורתנו של המקרא בסורית־ארצישראלית העתידה לצאת לאור.

42. הבאות שהן תרגום חוזר ליונית, כגון מארמנית, סומנו reconstr. התרגומים היוניים המאוחרים סודרו בסדר ההבאות אחרי 𝔊, אף על פי שהיה אולי טעם לסדרם אחרי 𝔊. רישום זה אינו בא לקבוע עמדה בויכוח על עצמאותם של אותם תרגומים. זהות גרסתם לשל השבעים נרשמה רק בהתאם לנסיבות כל מקרה.

43. בהתאם לאופי המסורת אין ללמוד לגבי תרגומים אלו משתיקה; ר׳ הע׳ 30. לעתים לא היה מנוס מרישום מתמיה, כגון שהדעת מחייבת שחילוף מסויים משתרע על קבוצת מלים, אבל התיעוד המקוטע שבידינו אינו מאפשר אלא קביעה ביחס לחלק מהן.

של מלים. ענין הנוגע לפסוק כולו יבוא בלי סימון ד״מ[26]. מובאת תוספת שבתרגום מראש הפסוק שאין כנגדה מבע בעברית מסומנת [init; תוספת שבגמר הפסוק [fin.

44. כל מובאה מנוקדת רק במידת הצורך. לשם שלמות הובא גם החומר הנוגע לחילופי כתיב וקרי, ובמקרה זה מובאות שתי הצורות כד״מ, כשהן מופרדות בלוכסן ובצד צורת הקרי נוספת q[27].

45. ד״מ החוזר באותה צורה פעמיים או שלוש בפסוק מסומן במספר אינדכס זעיר מוגבה, אלא אם ברור מסדר המובאות לאיזה ד״מ הכוונה. בדרך כלל לא יובאו כד״מ יותר משתי מלים. במקרה של שלוש מלים או יותר מוזכרות מלות הראש והסוף כשביניהן קו מפריד. כשהמובאה אינה של מלים רצופות, מסומן הפסק הרצף על ידי נקודות.

46. החילופים לכל ד״מ יכולים להתיחס לכל התרגומים, רובם או מקצתם. גרסה המשותפת לכל התרגומים או לכולם פרט לאחד אינה מסומלת בסמל של תרגום[28] או שרמוז אליה בסמל verss. יתר החילופים, כפוף לאמור לעיל, יובאו בצד סמלי התרגומים. אם הגרסה מתועדת רק בחלק ממסורת אותו התרגום, מוקף סמל המקור בסוגרים מרובעים כגון [𝔊][29].

47. חילופים מתרגומים שונים[30] המתיחסים לאותו ד״מ מובאים לפי סדר קבוע[31], והוא (משמאל לימין) 𝔗𝔊𝔖𝔏𝔄[32]. התרגומים באים בכתבים שבהם נמסרו; לשם הבחנה נדפסו הבאות ארמיות וערביות באותיות ׳מרים׳[33], ולטיניות ב־*italics*. תרגומים שונים לאותו ד״מ המעידים (בערך) על אותה גרסה מופרדים זה מזה בנקודה־פסיק; אם נחשבים הם מעידים על גרסה שונה מפריד ביניהם קו מאונך |[34].

48. כששני תרגומים מעידים עדות זהה, לא צוטט לרוב בציטוט מלא אלא אחד מהם (ובעיקר 𝔊), והאחר הושווה בסימן =; עדות כמעט זהה מסומלת בסימן ≈. פרט למקרים מובנים מאליהם מצוטט בהבאה מלאה לפחות תרגום אחד. בציוני חילופים שאינם מצריכים הבאות מפורשות באים סמלי התרגומים זה בצד זה בלי הפסק (כגון 𝔊𝔖).

49. יש ששני תרגומים נראים כמעידים עדות זהה או כמעט זהה למראית עין בלבד. לאמור: לפי בדיקת דרכו של אחד התרגומים עשוי החילוף להיות בר־משמעות, בעוד שהוא נטול משמעות בשים לב למנהגי התרגום האחר. במקרים אלו לא שתקנו, אלא הוספנו את התרגום המעיד עדות־לכאורה בלבד בתוך סוגריים מזונבים { }.

50. למרות פקפוקים מסוימים לא היססנו להוסיף תרגום אנגלי למובאות התרגומים במקום שהמעיין עשוי להתקשות או שצריך להצביע על דרך תפיסתנו אנו לגבי דברי התרגום. תרגומים אלו מובאים בין סימני קדמא ואזלא ˋ ˊ.

51. חומר ההבאות מן התרגומים מסתמך על המהדורות ועל כתבי יד שבדקנו בהם, והוא מסומל לפי הפירוט הבא:

26. דרך הבאה כזאת מצויה בעיקר ברישומים מטיפוס pers; ור׳ הע׳ 28 להלן. מאידך גיסא לא פורט תמיד כל פרט זעיר בד״מ משלו, ויש שהובלע בד״מ שכן. הנחתנו היא, כי לשם הבנת ענין צריך המעיין להיזקק בין כה וכה לכל הרשום ביחס לפסוק נתון.

27. באפארט זה, בניגוד לאחרים, הובאו חילופי כתיב וקרי רק כשההבדל ניתן לתפסו בשחזור.

28. מימצא כזה ספק אם יימצא לגבי גרסה ׳ענינית׳, וכנראה רק ייתכן בסימול מטיפוס pers. ור׳ הע׳ 26 לעיל.

29. במקביל לסימון זה אפשר להקיף בסוגרים מרובעים גם חלק של הטכסט המשוחזר. רק ביחס ל־𝔊 הובאו פירוטי מסורת נוספים. ור׳ להלן § 51.

30. פרט לתרגומים היוניים המאוחרים (והסורי־ארץ־ישראלי) כל התרגומים נמצאים בידינו שלמים, ויש מקום ללמוד בזהירות מתוך שתיקת האפארט; ור׳ הע׳ 43.

31. סדר זה מסמל בקווים כלליים את תולדות המסורת התרגומית, אך לא את התגבשויותיה הספרותיות.

32. סדר זה מקויים, פרט למקרים שבהם נוצרים ׳גושי תרגומים׳ המעידים כל אחד על גרסה מסוימת אחת.

33. כשמשמשת הערבית לשיקול לשוני היא נכתבת באותיות ערביות.

34. בהתאם לנתוני יתר האפארטים משמש בהם הקו המאונך להבחנה בין גרסאות נבדלות, שהיא בעלת אופי שונה כלשהו.

ספק. לקבוצה זו שייכים בעיקר שינויים מן התרגום הארמי ובמקצת מתוך היוני. הואיל וראינו את תפקידנו לא בקטלוג של כל ההבדלים בין הנוסח העברי לתרגומיו ולא בחיבור קומנטר כולל לתרגומים, אלא בבנית אפארט מסביב לנוסח העברי, לא נרשמו שינויים פרשניים מובהקים[18]. אבל לא נמנענו מרישום שינוי תרגומי רק משום שאין בידנו הצעת שחזור מתאימה. במקרה של ספק הוכרע לצד הכנסת החומר לתוך האפארט.

40. כאמור[19], הרישום ה׳כפול׳ באפארט התרגומים הוא אך ורק ענין של הצעת החומר על כל צדדיו לפני הקורא, ואין ההסבר בא לשמו. רישום זה בוצע לפי ההנחיות הבאות:

א) רוב הדיונים אחרי הדה״מ[20] מחולקים לשני חצאים, המופרדים בסימן המקבילים: ‖. משמאל להם בא הרמז לדברי תרגום (או לתרגומים) והצעות גרסה אפשריות; מימין באים ההסברים והשיקולים שיש בהם כדי להעיד נגד הנחת גרסה, רמיזות לפרשנות, לפסוקים אחרים וכד׳. במקום שאין בידנו הסבר — היינו שנראה לנו כי הצעת הגרסה היא בעלת תוקף בלתי מעורער — יבוא קו מאוזן מימין למקביליים (—‖)[21]. דרך רישום זו מקוימת בכל מקרה של העלאת אפשרות של גרסה ׳ענינית׳.

41. ב) לעומת זאת, רישומים בדרך סמלים חוזרים מטיפוס om או אזכור שינויים בעלי אופי דקדוקי נחשבים למוסברים מאליהם, ומה גם אלה המסומלים בדרך סתם pers וכו׳, שבהם אין מקום להאריך. אולם במקרים מיוחדים בא הסבר מימין למקביליים גם ברישומים האלה.

42. ג) הצעות הגרסאות הובאו בדירוג סבירות — והוא שיפוטו של העורך[22] על פי כלל חומר ההשוואה שבידו — ואין צריך לומר שכל מעיין יכול להתעלם מן הדירוג ומן השיפוט. שחזור של וודאות מרובה מאד אין כנגדו, כאמור, שום הצעת שיקול נגדית. במידת ודאות מרובה — גם כשיש כנגדה שיקול מבטל — יבוא חץ ← בין מובאת התרגום ובין הגירסה המשוחזרת; במידת סבירות פחותה יחסר החץ, או אף נוסף סימן שאלה. יש שהצעות שחזור נוספות[23] הובאו מימין למקביליים בתוספת הערות מסוג: אולי, בקושי רב, בשום פנים לא וכד׳ — והמעיין ישפוט במשקולת משלו. במקרים מסויימים ביקשנו לרמוז שלדעתנו כמעט אין כל בסיס להצעה — ואז לא נרשם מאומה משמאל למקביליים, היינו שאחרי הד״מ באים מיד המקביליים ואחריהם הסבר הסטיה, כשלתוכו ׳מוגנבת׳ הצעת שחזור שלדעת העורך אין בה כל ממש. בדרכי ההסבר מרובים רמזים לממצאינו מרשימת התופעות, ויש סמלי קצור חוזרים שביאורם מתוך עצמם כגון theol, struct. גם חומר חז״לי יכול לשמש הסבר, ואם אין חומר זה זוכה להבאה מצד עצמו באפארט II, יובא מימין למקביליים לפי עקרונות ההבאה המפורטים לגבי אפארט II (הש׳ להלן פרק ד׳ הע׳ 22).

43. חומר התרגומים לכל פסוק מוגש בהתאם לסדר המלים העברי, וכל ד״מ שאינו בראש פסוק מופרד מקודמו בסימן ‖. רישום הד״מ מופרד מחומר התרגומים וכו׳ על ידי סוגר מרובע, כגון: [ויסקלהו ‖. מספרי הפסוקים מסומנים במספרים ערביים שמנים[24], המתיחסים לחלוקת הפסוקים בפנים[25]. הערות לשני פסוקים או יותר או למספר מלים גדול יותר קודמות בדרך כלל למובאות הנוגעות לפסוק אחד או למספר קטן יותר

שלגביה אולי אפשר היה לחשוד בגרסה. דרך משל 5[14] ׳ימות׳ ניתן היה להציע כנגדו ׳יעמד׳ משוחזר מתוך 𝔊, השונה לגמרי. ולא נעשה כן.

18. יש לקוות כי בירורי שינויים שנתגלו כפרשניים מובהקים — ומשום כך לא נכנסו לאפארט — יובאו בכרך הלוואי המתוכנן (הש׳ § 26).

19. הש׳ לעיל § 11 וכו׳.

20. ד(ה)״מ (׳דיבור (ה)מתחיל׳) הוא כנוי למלת ה־lemma (מקוצר lem), שאליה מתיחס כל דיון.

21. סימון זה בא כדי להדגיש את דעתנו, כי אמנם במקרה זה יש לבקש את הפתרון בהנחת גרסה. הש׳ *TPTC* 136. במקום שאין בידינו כל הצעה לשיקול כנגד הנחת הגרסה — אבל בכל זאת יש, לדעתנו, הסבר כזה, אלא שלא מצאנוהו — יבוא סימן שאלה.

22. הנסיון הראה, כי הפרדה בעריכת אפארטים נפרדים בין ׳עובדות׳ ל׳שיפוט׳, שנשקלה במבוא ל־*TPTC*, היתה מביאה לסיבוך רב במבנה, והוכרחנו לוותר עליה.

23. ברור שיכולות לבוא כמה הצעות שיקול כנגד הנחת גרסה אחת. הש׳ *TPTC* n. 10.

24. בניגוד למספרי הפסוקים ברמיזות, המסומלים במספרים תחתונים, כגון 5[14] = פרק ה פסוק יד.

25. ההבדלים בסימון הפסוקים בין מהדורה זו לבין מהדורות אחרות הם פעוטים, ואין לחוש.

ה׳עניניות׳[7], בעוד שהתועלת בהזכרה זו מועטה. שינויים אלו רמוזים בסמלים מטיפוס pers num temp, והמעונין בחילופים אלו לפרטיהם יצטרך לעיין במקורות[8]. פרטי הסמלים מפורטים להלן § 54.

37. ראוי להוסיף ולהדגיש, כי ברישומנו הוגשמה הלכה למעשה דעתנו, שאין לרשום רישום מלא את כל ההוספות או ההחסרות של וי״ו המחברת יחידות משפט[9]. תוספות וי״ו נרשמו רישום סלקטיבי, בעיקר כשהתיעוד חזק במיוחד. לעומת זאת נרשמו לרוב ההחסרות (בהתאם לאופיו של המקור)[10]. מן הראוי לשים לב, כי לפי הוראות הרישום לגבי מגילות מדבר יהודה באפארט II ולגבי כתבי היד הנבחרים באפארט III נרשמו שם שינויי הוי״ו במלואם. מאחר שרישומנו בנקודה זו בין כה וכה סלקטיבי יש שהרישום ביתר האפארטים נחשב בדיעבד לתיעוד מחזק שהצדיק את הרישום גם באפארט I. אולם מי שירצה לבדוק את שאלת הוי״וין, אל יסמוך על מהדורתנו[11].

38. ב — שינויים שניתן לתפסם כמשקפים הבדלי גרסאות ׳עניניות׳, היינו הוספות או החסרות בטכסט, שינויים במלים או במשפטים מעבר לתחום המוגדר בסעיף הקודם. שינויים אלו הם עיקר נושא האפארט, ושיטתנו האמורה לעיל אף יש בה כדי להבליטם. לפי שיטת הרישום שהוצעה אחרי לבטים מרובים[12] — הצעת אפשרות גרסה מכאן והסברה עד כדי ביטולה לפי שיקולים שונים מכאן — נתאפשר לנו להרחיב את היריעה ולהוסיף הזכרת אפשרויות של גרסאות כאלה. גרסאות כאלה הוצעו בין שהועלו באיזה מקום בספרות המדעית בין שהם חידושיו של העורך, של חבריו או של עוזריהם[13]. על דרך כלל ניתן לומר, כי הובאו בחשבון רק הצעות שאינן דורשות הנחות מסובכות מדי של התפתחות טכסטואלית, והעורך שמר לעצמו את הזכות לקרב או לרחק, ואפשר שתגליות עתידות יוכיחו שטעה בשיקולו[14]. כמעט כל הצעה כזאת היא בבחינת ספק, ורק במקרים מועטים יחסית נרמז בדרך הרישום, כי הנחת הגרסה קרובה היא לחזקת ודאי[15]. אולם גם במקרים אלו הוודאות היא ענין לעצם קיום הגרסה ולא לעדיפותה על נוסח המסורה[16]. גם במקרה שמכריעים שהתרגום משקף קריאה שונה, הרי במקומות רבים יש לפקפק, אם אמנם כך גרס המקור שלפני המתרגם או שמא טעה בקריאתו או בשמיעתו וכד׳. אפשרויות אלו מובנות מאליהן ואין מקום להזכירן בכל ערך וערך.

39. ג — שינויים אשר אי אפשר לעמוד מתוכם על גרסאות אפשריות, בין משום שההבדל בין 𝔐 לתרגום גדול כל כך שאין להציע גרסת שחזור מקשרת[17], בין משום שהאופי הפרשני שגרם לשנוי גלוי מעבר לכל

7. על עקרון זה בדרך המיבנה, גם לענין אפארט לטכסט שנמסר בלשון אחת השו׳ TL xiii, 169 f.
8. מעבר לאמור כאן ומעבר לשיקולי נוחיות התיאור הרי דרך רישום זו עשויה להיות מדויקת יותר. למשל: אלו רשמנו 211, בד״מ: [שפל, שחזור מלולי על סמך 𝔊, מן הסתם היה שונה מן המימצא העברי המשתקף מאפארט II שם (׳תשפלנה׳), ולא היינו מועילים אלא מטעים.
9. השו׳ 174; TL 59; TPTC 135; כדי שלא לשחזר וי״ו מסופקת מדובר באפארט לעתים על ׳and׳.
10. למשל 𝔖 נוהג להוסיף וי״וין כמעט בעקיבות, ותוספת זו שייכת לסטרוקטורה הלשונית; לכן בדרך כלל לא תירשם. לעומת זאת עשויה החסרה של וי״ו להיות בעלת משמעות טכסטואלית. עם זאת לא התעלמנו מדברי חכמינו על הוי״ו (כלה רבתי ח׳): ״דזימנין דמתוקם בה טעמא״. ור׳ בסוגיה זו לגבי טכסטים דחז״ל בדברי הגרי״ן אפשטיין, מבוא לנוסח המשנה, 1050 וכו׳.
11. גם בענין תוית היידוע יש קשיים בפירוש המימצא בתרגומים, ומשום כך ייחשב רישומנו לסלקטיבי גם בנקודה זו.
12. פירוטי השיקול ניתנים במבוא ל־TPTC.
13. ראוי לחזור ולהדגיש (ר׳ § 27) שלא ביקשנו לברר זכויות קדימה בענין הצעת פירושים ופתרונות, וממילא לא נטען שאנו חידשנו פרט זה או זה. במקומות המועטים שבהם נזכרת ספרות בהערות בא הדבר רק כדי לחסוך בירור מפורט בתוך מהדורתנו.
14. לא פירטנו ליד ההצעות את סוגי התופעות השונות שמתוכן מתבארים השינויים. התהליכים ודרכי ההסבר למיניהם – דמיונות צליל וצורה (גם בכתב עברי עתיק), ליגטורות, כתב בלתי מופסק, מ״ם אנקליטית וכו׳ וכו׳ – נחשבים לידועים. כנגד זה אנו נוהגים זהירות רבה בהנחת קיצורים וטרנסקריפציות. הנסיון מלמד, ששימוש מרובה בהנחות כאלה עלול לפגוע בשיטת העבודה, שכן בקצת זריזות אפשר להוכיח את הכל. משום כך, למשל, איני משתמש בהנחת טרנסקריפציה אלא לגבי מלים מוקשות ונדירות שלגביהן נראית לי הנחת תעתיק כאפשרית.
15. לפי עצם טבעם כל השחזורים הם בגדר השערה, ולכן אין צורך בהוספת כוכבית וכד׳. אין צריך לומר, שהספק משתרע מן הקרוב לודאי ועד לקרוב לנמנע.
16. השיקול בדבר עצם עדיפות הגרסה נשאר בידי הקורא, עם שיש לעתים בניסוחו של העורך כדי להעמיד על דעתו שלו. השו׳ 199; TL xiii; TPTC 137.
17. במקום שאין כמעט דמיון בין כלל הכתוב ב־𝔐 ובין המצוי בתרגום, נמנענו לרוב מלהיאחז במלה אחת

ג. אפארט I: התרגומים[1]

34. מבחינת שיטת העבודה מעמיד אפארט התרגומים את הבעיות החמורות ביותר; אולם מי שעיקר עניננו איסוף התיעוד לשחזור נוסח המקרא יזדקק בראש ובראשונה לאפארט הזה. לצורך רישום החומר באפארטים נתפס נוסח המקרא העברי המסורתי (ℌ) כבסיס נתון, וכל העולה מן המקורות למיניהם נרשם כסטיה מן הבסיס הזה[2]. מכאן מתחייב, שלא נרשמו עדויות המאשרות את הנוסח המסורתי, גם במקום שהיה ענין רב לקבוע אישור כזה[3]. מאידך גיסא, האפארט גם אינו עוקב אחרי שינויי גרסה שחלו בתולדותיו של כל תרגום ותרגום, ושינויים כאלה נזכרים רק במידה שיש בהם ספק־ענין לחקר הנוסח העברי[4].

35. לאפארט זה נכנסו כל התרגומים הראשוניים, היינו שודאי כי נעשו במישרין מטכסט עברי[5]. תרגומים אלו סומלו לפי לשונות התרגום (להוציא התרגום הארמי, שנשמר סמלו המקובל):

𝔄 — התרגום הערבי של רב סעדיה גאון
𝔊 — התרגום היוני של השבעים
𝔏 — התרגום הלטיני של הירונימוס (הוולגטה)
𝔖 — התרגום הסורי המכונה פשיטתא
𝔗 — התרגום הארמי ע״ש יונתן
ℌ — המקור העברי כמות שהוא לפנינו בנוסח המסורה

בענין פירוט המקורות הללו ובענין מקצת התרגומים המשניים ר׳ להלן § 51.

36. ההבדלים הנראים לנו בין תרגום לבין הנוסח העברי אפשר לחלקם לשלוש מחלקות עיקריות:
א — שינויים ׳חוזרים׳, אשר ברובם תלויים בהבדלי מבנה דקדוקי, גישה תחבירית, החלקת המבע, תיאומי הקשר וכד׳[6], אך בכל זאת אין בטחון שבמקרה מסויים לא יעיד התרגום על שוני בנוסח העברי שלפניו. מבחינה כמותית עולים השינויים הללו לאין שיעור על כל יתר הגרסאות המשוערות, שכן ניתן להראות, שבמקומות רבים, שבהם היה קושי לשוני או הקשרי, ברור להם תרגומים שונים דרכי פתרון משלהם. הזכרת כל אלו לפרטיהם היתה מציפה את האפארט במבול גרסאות ׳טכניות׳ והיתה גורמת להבלעת הגרסאות

1. ההוראות הטכניות הכלליות המפורטות לגבי אפארט זה כוחן יפה לגבי יתר האפארטים. תשומת לב רבה הוקדשה כדי להשיג אחידות ביצוע ולמנוע התנגשות בין הסימולים. סטיות קטנות אפשריות מהוראות הביצוע הן ענין של צורה ולא – כך אנו מקווים – של תוכן.
2. ארגון החומר באפארטים אלו יוצר בהכרח משפט קדום, לפחות חזותי. ברור כי רישומים מרובים דו־פרצופין להם: ברצותך תאמר שמלה חסרה במקור זה וברצותך תאמר שנוספה באחר. רק בצד חילופים עניניים מסויימים הצבענו במפורש על כך, שכמובן ניתן לתאר את הדברים שלא מנקודת המבט של ℌ (כגון לענין ׳יעקב׳ 26).
3. יש שרמז כזה ׳הוגנב׳ בהערות. למען שלמות התמונה היה רצוי לבנות אפארטים המפרשים את עדותם של כל העדים, ואין בהם לימוד משתיקה. נסיונותינו בכיוון זה הראו, שארגון כזה של החומר יביא לניפוח רב, ויתרנו עליהם.
4. במקרים כאלה מדובר על inner-𝔊 וכד׳.
5. לענין זה אנו מתעלמים מן השאלה של השפעות משניות על תרגומים אלו מתוך תרגומים אחרים.
6. במקום אחר הודגשה החשיבות שאנו מיחסים לניתוח האופי הלשוני של התרגומים – שהם ה־target languages של עיונינו – ולכרטוס הנתונים על הסטרוקטורה הל־שונית, הן בזכות עצמם הן בבחינת משקל נגד להנחות בלתי מבוססות על גרסאות. אנו מקווים לפרסם בהזדמנות אחרת את השלד של אינדכס התופעות שעל פיו אנו עובדים (הש׳ *TPTC* 135; *TL* xiv). איני מתעלם מן העובדה, כי גישתנו זו עשויה להתבאר מתוך משוואתו האישית של מי שרואה עצמו לכל לראש פילולוג שמי, המבקש להחיות את הימים שבהם ירדו הסמיטיסטיקה והפילולוגיה המקראית כרוכים לעולם, והמקווה כי בעצם מפעל זה יהא גם משום מקצת החזרת עטרה לישנה. הש׳ לענין זה מש״כ *TL* 48; 156 f.; 161 ועיין גם ״לדרכי התרגום והמתרגמים בימי הבינים ד׳״ תרביץ ל (תשכ״א), 386 וכו׳; "Structure Analysis in Medieval Arabic Linguistic Theory" (Preprints–9th International Congress of Linguists 1962, 365f.) ביקורת הגרסאות־לכאורה על פי קריטריונים בלשניים היא בעיניי תנאי בל יעבור להעמקת הבנתנו, ולוואי שהיינו מצליחים להרבות עיוננו בכיוון זה; שכן עודנו רחוקים מאד מהשגת מטרתנו.

ב. הפנים והמסורה

ג) בדיקת סימוני הרפה לא גילתה שום עקרון, ולא ראינו להכביד על דרך ההדפסה בתוספת קווי הרפה.

ד) תופעה רגילה למדי בכה״י שלנו היא, שבסוף פסוק לא שם הסופר נקודתיים, ודי בסימון ה׳סילוק׳. הואיל והעדר כל סימן הפסק עשוי לגרום מבוכה מרובה במהדורה מודרנית, הוספנו במקרים כאלו נקודה בודדת מוגבהת (˙). פירוש הנקודה הוא אפוא, שאנו מוסיפים את סימן הפיסוק — כמובן רק בהתאם לסימון ה׳סילוק׳ שבתוך כתב היד.

ה) בדיקותינו העלו, כי אין ליחס כל חשיבות למקום שבו רשם הסופר את סימן הגעיה — מימין לתנועה או משמאלה[5]. כיון שהמקום בלתי מהותי, לא ראינו צורך להכביד על סידור הטכסט ולחקות בענין זה את כתב היד. כל געיה מודפסת אפוא משמאל לתנועה, ואם בתוך כתב היד נכתבה מימינה סומן הדבר באפארט IV.

ו) בין עשרות אלפי הסימנים[6] המהווים את כלל הכתיבה של ספר ישעיהו, יש עשרות אחדות[7] שבהם טעה הסופר או המסרן טעות גלויה, שאין מקום להרהר אחריה שמא כוונת המכוון יש בה. בהתאם לסוג הטעות יש שהוער עליה בהערות, ויש שתוקנה בפנים והוער על התיקון באפארט. יש להדגיש שכל זה נוגע לעניינים של טעמים, דגשים, ׳עיגולי׳ המסרן וכד׳, ומי שאינו בקי בקטנות ספק אם יחוש בכך.

32. הטכסט המודפס כאן משקף אפוא את המצב הנראה לעין של ׳כתר ארם צובה׳. שאלת הגרידות והתיקונים בכתב היד עתידה להידון באפארט שיתלווה אל הוצאת צילום הכתר בשלמותו, לכשתגיע השעה לכך. במהדורתנו זו הוער על גרידות ותיקונים רק במקום שאפשר להניח חשיבות טכסטואלית של ממש, כגון תוספת או מחיקה של אות, תיקון ניקוד או טעם וכד׳.

33. כתיבת הטכסט בטורים צרים כדרך כתב־היד יאה לה רישום המסורה הקטנה במאונך. נסיונות לחקות את הסידור הזה בדפוס לא עלו יפה, בעקר משום אורך שורת הפנים. המסורה הקטנה מסודרת אפוא בשורות קטנות בהמשך מאוזן, לפי רימוזי עיגולים בפנים. במקרה של רימוזי מסורה מרובים בשורה אחת של טכסט, מסודרת המסורה הקטנה בשתי שורות פטיט כנגד שורת הפנים. המסורה הגדולה מסודרת בראש העמוד, בהתאם לפנים, כשבסוף כל מסורה עיגול זעיר כמנהג כתב היד.

וילנא 1906). כרגע רק נוכל לקבוע את העובדה, כי כתבי היד הקרובים ל׳כתר׳ במסורתם אינם קרובים לו בענין החלוקה לפרשיות, ומשום כך גם לא ראינו לרשום באפארט IV את החילופים בענין הפרשיות. כנראה ידע רבנו הרמב״ם יפה מה שעשה, כשביקש להשליט בענין זה מסורתו של כתב יד אחד מסויים דווקא. והש׳ גם *RTBT* פרק ט׳.

5. שאלת הגעיה נדונה באריכות בחיבורו של מר י׳ ייבין העתיד לצאת בסדרת פרסומי המפעל.

6. הכוונה לכלל היחידות הגראפיות, כולל ניקוד, טעמים וכו׳.

7. בפרקי דוגמה אלו יש כנראה רק דוגמה אחת ב־11_2.

27. בפרקים שלפנינו הסתפקנו בהערות קצרות שצומצמו ביד חזקה עד למינימום ההכרחי ביותר. הערות אלו הובאו בתחתית העמוד במיספור שוטף המשותף לכל התוספות לטכסט — מראש העמוד עד לתחתיתו. פרט למקרים מועטים, שבהם צריך לרמוז לדיון מפורט בספרות, מובא כל דבר שלא בשם אומרו, בין בתוך אפארט I ובין בהערות. לא ראינו את תפקידנו לגלות את דרך השתלשלותן של הצעות ולגאול שמם של מציעים ראשונים, וברור שגם חידושינו — אם אמנם יש כאלה — הובלעו בדרך זו.

28. פרקי המבואות הבאים יפרטו את דרך עבודתנו לגבי הפנים, המסורה והאפארטים. עם שגובר בהם ביאור הצד הטכני, הרי גם מהם יעלו כמה נקודות עקרוניות בהשקפתנו על נוסח המקרא ותולדותיו.

ב. הפנים והמסורה

29. הטכסט המשמש פנים למהדורה זו הובא בדיוק לפי הנמצא לפנינו בכתב היד המכונה ׳כתר חלב׳ או ׳כתר ארם צובה׳ (א). טכסט זה מלווה כאן על ידי המסורה שלו, הקטנה והגדולה, כפי שהיא נמצאת בדפי כתב היד. זו אם כן גם הפעם הראשונה, עד כמה שידוע לנו, שכתב יד נדפס בלווי מסורתו, הקטנה והגדולה, בהתאם למעשה בעל המסורה.

30. על מעמדו של כתב יד זה הוארך במקום אחר, וספק אם הדיון נשלם[1]. אם יימצאו דבריי מכוונים, הרי זה כתב היד ה׳אוטוריטטיבי׳ ביותר של המקרא באשר יצא מתחת ידו של ר׳ אהרן בן־אשר והוא שעליו סמך הרמב״ם את ידיו[2]. ואם לא תספקנה הוכחותיי, הרי זה ׳רק׳ כתב היד הקדום ביותר של המקרא כולו לפי אותה המסורת, והנאמן ביותר לדרכו של ר׳ אהרן, ששרד עד ימינו, היינו שהוא העד החשוב ביותר שבידינו לאותו טיפוס של נוסח מסורתי שנעשה שליט בתפוצות ישראל. במקרה זה ייחשב ל׳תחליף׳ הטוב ביותר לכתב ידו של ר׳ אהרן שיכולה ידנו להשיג. שכן דבר אחד ברור: אם מערכת ההוכחות לגבי כתב היד המקודש על פי המסורת ככתב ידו של ר׳ אהרן לא תספיק לשכנע, קשה להעלות על הדעת שיתגלה אי פעם כתב יד אחר שלגביו ניתן להוכיח יותר, עד שישתתקו המערערים. בין כך ובין כך, אין בידנו — ולדעתי לא יימצא בעתיד — כתב יד אחר הראוי יותר לשמש יסוד למהדורת המקרא לפי הנוסח המסורתי הטברני המקובל, ומשום כך הושקע עמל רב עד שהוכשר להדפסה.

31. סטינו בהדפסת הטכסט מן המצוי בגוף כתב היד בפרטים הבאים:
א) הטכסט נדפס בשורות לרוחב העמוד, ולא לפי שלושת הטורים המקובלים בכ״י.
ב) במסגרת מראה העמוד הכללי לא ראינו אפשרות לסמן את ההבחנה בין הפסקאות (״פרשיות״) בדרך חיקוי לצורת הרווחים, לפי מנהג כתבי היד הקדומים[3]. וכבר פשט המנהג לרשום אות פ לפרשה פתוחה ו־ס לסתומה. אולם כדי שלא ייכשל שום קורא לחשוב, שכך מסומן בכתב היד גופו, הושמו האותיות בסוגריים: [פ] ו־[ס][4].

1. *TL* 1 f.; *BMU* פרק ה׳; *RTBT*; תרביץ לג, 149 וכו׳. ור׳ פרק א, הע׳ 40.
2. הש׳ לעיל § 19 וכו׳. ההשערה שהבעתיה *RTBT* § 15, שייתכן מאד כי ר׳ אהרן לא ניקד ומיסר בכלל מצחף נוסף של כל העשרים וארבעה, במקומה עומדת.
3. הש׳ את הבירור *TL* 39 f. מובן כי במהדורה שמראה העמוד בה נקבע על ידי הטכסט בלבד, ולפני המדפיס אין בעיה של הדפסת אפארטים, רצוי מאד לשמור על שיטת כתב היד בהבחנה בין הפרשיות.
4. עצם החלוקה לפרשיות עדיין יש מקום לחקור בה, ולא התקדמנו אל מעבר למה שהיה ידוע בראשית המאה (הש׳ לענין זה פינפער, מסורת התורה והנביאים,

א. תולדות נוסח המקרא בראי מערכת האפארטים

שנה — מן הקטעים הקדומים ביותר שנמצאו במדבר יהודה ומתרגום השבעים ועד למהדורת המקראות הגדולות של יעקב בן חיים שנעשתה אם לדפוסים שאחריה. אך כל אפארט בנוי כיחידה בפני עצמה, והמעוניין בסוג מסויים של עדות ימצאנו במקומו המיוחד. מי שענינו בשחזור ׳טכסט קדמון׳ יזדקק לכל לראש לאפארט I, ויש לקוות שדרך מבנהו תזהיר את המעיין מהסקת מסקנות חפוזות בדבר גרסאות. מתוך הנסיון יש לומר, כי מי שמבקש להעדיף גרסה לא מסורתית יצטרך להסתמך למעשה תמיד על אפארט I, ורק לעתים רחוקות מאד יוכל להסתפק בעדותו של אפארט II בלבד. ואלו הגרסאות מספרות חז״ל צריכות הערכה זהירה במיוחד, ומי שאינו מתמצא בבעיות המיוחדות למסורת הספרות הזאת ייטיב לעת עתה לעשות אם ישתמש בה כעדות מסייעת בלבד.

23. במקום ששני אפארטים או יותר מעידים (לכאורה) עדות זהה או דומה נקשרו בדרך רימוזי חץ חד־כווני (↓), היינו מאפארט I אל הבאים אחריו וכן מאפארט II וכו׳. רימוז זה, כאמור, אינו כשלעצמו סימן לקשר גנטי, כדרך שגרסה של תרגום קדמון אינה נוטלת מן הסתם תוקף יותר אם יש דוגמתה גם בכתב יד עברי מימי המסרנים[41]. מובן שאם כל המקורות מעידים עדות אחת גדל ערכה של העדות, אבל אין שום כלל מוחלט שיפטור אותנו מן השיקול בכל מקרה. באיזה תנאי יש חשיבות להצטרפות העדים ובאיזה מקרה לא יפה כוח השנים מן האחד — זה ענין של הנסיון באינטרפרטציה, שכל מורה יקנה לתלמידיו[42].

24. נוסיף מלים אחדות על הסידורים הטכניים הכלליים. יש לקוות, כי אחרי נסיונות מרובים הגענו לכך, שהקיצורים והסמלים הקבועים שבאפארטים השונים אינם באים לידי התנגשות. רוב רובם נבחר כך שקיים קשר ברור בין הסמל לבין משמעו, אבל משמע זה נקבע לרוב במדוייק לגבי כל אפארט ואין להסתפק במשמע מילוני כללי. ההסבר המפורט ניתן במבואות לאפארטים השונים לפי סימניו המיוחדים. כמעט כל הסימולים המילוליים המסבירים נדונו במבוא לאפארט I. במבואות לכל אחד מן האפארטים פורטו המקורות שעליהם הסתמכנו.

25. כלל גדול בהבאותינו הוא, שאפשר לעמוד מתוך האפארטים על כל המקומות שלגביהם קיימת הנחה סבירה שמא יש בהם חילוף גרסה, בהתאם לעקרונות הרישום שנקבעו לגבי כל מקור. אולם לא זו בלבד שלא יעלה על הדעת שיועתקו הנה כל פרטי הפרטים שבאספים למיניהם; אדרבה, מאמץ מרובה הושקע דווקא בעיכול כל המובא באספי הגרסאות שבידינו, בין שנתפרסמו בידי אחרים ובין שנתקבצו לנו[43]. אלא במכוון הובאו הדברים כך, שלפחות ביחס לתרגומים ירגיש החוקר בצורך לחזור אל המקורות עצמם בטרם יכריע. עשינו ככל שיכולנו, כדי שמהדורה זו לא תסייע בגידול תלמידים שלא שנו די צרכם ושיסתפקו באינפורמציה המוגשת בכלי זה[44].

26. במקום אחר[45] הועלתה שאלת כרך הלוואי שישמש פירוש למימצא העדויות. במיוחד ביחס לאפארט I קודם במקרים רבים שקלא וטריא ארוך ומסובך עד שהמסקנה מתנסחת במלים ספורות, והמעיין רחוק מלעמוד על כל הסיבות שהביאו למסקנותינו. מה שניתן באפארטים אינו אלא חלק קטן ממה שנצטבר בידינו בשעה שניסינו להבין כל מקור ומקור, ופירוש פילולוגי מקיף לכל שהובא — ושלא הובא — הוא דזידרטום ממדרגה ראשונה. ולואי שיעמוד לנו כוחנו להוציא כרך כזה אחרי שמהדורת ספר ישעיהו כולו תצא לאור.

41. השו׳ *TL* 56. ובכלל, אפשר בהחלט – כגון בענין ׳מוגיך׳ בפרק נא 23 – שגרסה מסוימת נראית מסופקת לפי הקריטריונים של אפארט I, והיא מופיעה לעינינו עברית באפארט אחר. וכמובן להיפך: מדרש מסוים יכול להיחשב להסבר במסגרת אפארט I ולא גרסה לצרכי אפארט II, כגון פרק ה 17. והשו׳ להלן פרק ד׳ הע׳ 22.

42. אולי יורשה לי להזכיר, כי נוהג אני להקביל לכאן את הבעיות העומדות לפנינו כשנעיין בתופעה לשונית בפן הסינכרוני מכאן ובפן הדיאכרוני מכאן. לערבב מלכתחילה אסור; ובכל זאת נחזור ונשקול בדיעבד שמא טעינו בשיקול ראשון. והשו׳ לענין זה מש״כ "Semitic Morphological Structures I" § 5b (*Studies... in honour of H. J. Polotsky*, 1964)

43. לענין המהדורות, האוספים וכו׳ ר׳ להלן פרק ג׳ §51.

44. ברור שאסור, כי מגמה זו תפגע בעצם מטרות מהדורתנו. אבל ניסוח הדברים אינו מכוון לפרט ולהגיש הכל על טס של כסף, והמעיין נדרש להעמיק בעצמו כדי לעמוד על דברים שבאו ברמיזה בלבד. והשו׳ מה שהדגמתי בענין זה ברשימה המופיעה עם צאת הכרך הזה ב־ *Ariel* (*a review of the arts and sciences in Israel*), Summer 1965

45. השו׳ באחרונה *TPTC* 138.

לצעוד בטוחות בדרך המלך המקשרת למשפחות על פי גרסאות משותפות. לכל היותר נוכל לומר כי אין בטחון שאין קשרים גנטיים, אבל הן עצם ההסטוריה של כתבי היד המסורתיים הן המגבלות האמורות בטיפוסי השינויים מלמדות אותנו לנהוג זהירות יתרה, לבל נניח קשרים אלו עד שיוכחו בעליל[34]. מאידך גיסא בודאי אין רשות להביא בשני האפארטים הראשונים גרסה שיסודה שלה גם הוא בשינויים לשוניים ובהשפעות אסוציאטיביות, בלי להביא שכנגדה במקורות המאוחרים; שכן אם קשר גנטי אין כאן לקח לגלגולי נוסח המקרא יש כאן[35]. הפרדת החומר של כתבי היד המקראיים העבריים הללו לאפארט מיוחד אינה צריכה אפוא הצדקה מרובה.

18. אולם שרשרת התאוריה הזאת יש בה עדיין חוליה רפויה: אין להתעלם ממה שכבר עלה בבדיקה לפני שנים[36], ואחרי עיונים מרובים וביצוע ליווחים (טבולציות) מדויקים נתאשש רושם זה: בין אלפי כתבי היד שגרסאותיהם נרשמו מימי קניקוט בולטים מועטים ביותר, כאצבעות יד אחת, אשר גרסאותיהם חורגות לכאורה מן המגבלה האמורה. בלשון תמונתנו: הטיפוס המסורתי נראה לנו כזרם מרכזי במאות שלפני תקופת החרבן, אבל לצדו זורמים נחלים — ומבדיקתם כבר הועלה שלעתים דווקא בהם זרמו מים זכים. כוחו של הזרם המרכזי גובר יותר במאה הראשונה, והחל בתקופת החרבן הנחלים שזורמים לצדו כמעט מתיבשים — עם שלא יבשו לגמרי, כעדות ספרות חז״ל המאוחרת יותר. אולם טפטוף קל נמשך אפילו אל עבר אותה תקופה, שבה הביא הרישום המדוקדק של מסורת דרכי הקריאה[37] גם ליישור הדורים סופי — או סופי למעשה. לולא אותם כתבי יד[38] ייתכן שהיינו משתחררים מכל וכל ממעמסת החילופים בכתבי יד מקראיים שמתקופת המסרנים, ומכל מקום היינו מתעלמים מהם לענין שחזור הטכסט. אולם המימצא של כתבי יד מועטים, ׳מסורתיים׳ כלפי חוץ, המכילים גרסאות אחדות שקשה לבארן בנימוקים של החלקה או הידמות, מחייב עדיין עיון נוסף לענין הסוגיה של גלגולי תולדות הנוסח. לכן הושקע מאמץ רב בפיתוח שיטה של הבאת גרסאות ממקורות אלו, בלי לטבע את המעיין בכל שנתקבץ מאז ימיו של קניקוט. עם כל זאת לעולם אין לגרסאות אלו אלא ערך מסייע, ומה שאמרתי במקום אחר נגד השימוש הבלתי מבחין בכתבי היד העבריים[39] נשאר בתקפו במלוא חומרתו.

19. בצורה אחרת חוזרת הבעיה של הנחת חופש־כביכול לקורא, לעומת שיטה של קו מנחה מצד המערכת, ביחס לפנים ולאפארט IV, אפארט הכתיב הניקוד והטעמים. לכל לראש יש להדגיש, שלפי מצב ידיעותינו כיום ראוי אותו כתב היד שהבאנוהו שישמש פנים, תהא דעתנו על ייחוסו המדויק אשר תהיה. לבי סמוך ובטוח, כי די בסדרת ההוכחות שהעליתי במשך השנים, כי ׳כתר ארם צובה׳ הוא הוא כתב היד שעליו הסתמך הרמב״ם והוא המיוחס בצדק לר׳ אהרן בן־אשר. אם יש מקום להרהר בפרטים, הרי הזהוי בכללו נראה לי מאושש[40].

20. אולם נניח לצורך הויכוח, שכל הוכחותיי רוח נשאתן. אם כך, הרי הפנים שלנו הוא ׳רק׳ כתב היד השלם העתיק ביותר של המקרא שבידנו, והנאמן ביותר למסורת ר׳ אהרן בן־אשר — ובתור שכזה אין ראוי ממנו לשמש פנים. בשאלה מרכזית זו לא נראה לי שאפשר היה להכריע בדרך שונה, וכך ׳נכפתה׳ בחירת כתב היד על המעיין.

21. פרטי המבחר לאפארט הרביעי — והוא הנדפס משמאל לטכסט — מבוררים בפרק ו׳. כאן צריך לציין רק זאת, כי מעצם טבעו רוב רמזי הקשר אליו באים מאפארט III, ורק במקרים מועטים מרומז אליו מיתר האפארטים.

22. האפארטים במכלולם מציגים אפוא את תולדות נוסח המקרא לסוגיו ולתקופותיו במשך קרוב לאלפיים

34. כל פרק ב׳ של *TL* מכוון ללמדנו לקח בבעיות של "pseudo-stemmatics".
35. לענין הסכנה, שבדרך ההסבר של ׳חוקי סופרים׳ ו׳דינמיות לשונית׳ אפשר להסביר יותר מדי, השׁ׳ *TPTC* 130 f., *TL* XIII.
36. השׁ׳ *TL* 56.
37. השׁ׳ *RTBT* שם.
38. השׁ׳ בפירוט להלן פרק ה׳.
39. השׁ׳ *TL* x f.
40. הצורך לסיים את הכרך הזה במועד קבוע מנענו מלהתפנות ולהשיב מיד לקושיות שהקשה דותן לפני חדשים אחדים (תרביץ לד, תשכ״ה, 136 וכו׳). אין בדבריו מה שמצריך שינויים בקביעותינו, ואטפל בהם ברגע שאוכל לפנות עצמי מעבודות דוחקות יותר.

14. עם שמכאן ואילך יש השתלשות כמעט גמורה של מה שכיניתיו ה'טיפוס המסורתי'[26], עדיין אין זו אחדות מסורת סופית. אף בלי להיכנס לבעיה הסבוכה של התהוות התרגומים ומסורתם מכאן ותיעודם הכתבידי מכאן — ובדומה לכך לגבי מסורות ספרות חז"ל — הרי חלוקת כל אפארט לשניים לפי אותו קו תיחום שבתולדות נוסח המקרא תיצור בעיות מרובות יותר משתפתור. מתוך האפארטים אפשר להרגיש באותו קו, אבל אין בו כדי להצדיק ולאפשר פיצולם הנקי. מן הבחינה העיונית והמעשית כאחת נראה עדיף שהחומר המשוחזר מכל התרגומים ייכנס לאפארט אחד, וכל החומר העברי שאינו מכתבי יד עבריים מקראיים מימי בעלי המסורה ואילך ייכנס לאפארט השני — ועם זאת חייב המשתמש לשוות לנגד עיניו תמיד את השוני המהותי שבין סוגי המקורות שהובאו יחד. אפשר שדרך סידור זו תאפשר ראייה מקיפה יותר ותסייע לחוקרים להכריע בסוגיה המוקשה שכאן נרמז אליה בקצרה.

15. כבר נרמז (לעיל § 2) כי הבעיות המתודיות העומדות בפני עורך מהדורה כזאת אי אפשר להשוותן לבעיותיו של עורך העוסק בעיקרו בסידור קולציות מכתבי יד שנשתלשלו במסורת לשונית אחת. במקום אחר[27] העליתי משהו מן המאבק המצפוני על 'אוביקטיביות' בהבאות, ואיני יודע לו פתרון. אוי לי אם אעמיס על האפארט ברישום מיכני כל סטיה בתרגום ובכתב יד מדרשי ללא הבחן, אוי לי אם אשקול לפי משקולת משלי[28] — ואין לי אלא עדותי שלי שהשתדלתי לגלות אותו שביל זהב אשר ספק אם אינו הזיה בעלמא. אין מנוס משיקול ביחס למה שנמסר בתרגום ללשון אחרת ואין מנוס משיקול ביחס למה שמצוי באיזה כתב יד של מדרש וכל כדומה לו. כיון שהחומר החז"לי — בניגוד לחומר התרגומים — אינו מצוי בידי כל מעיין, הפרזתי בהבאה ממנו, ובכל זאת אפשר שנכשלתי בשיקולי. אפילו בענין אותם מקורות שהובאו בקולציה שלמה כמעט[29] אפשר שטעיתי, אלא שהמקור מצוי בידי המעיין, והוא יכול לבדוק אחריי.

16. במידה מרובה עוד יותר הוכרחתי לנהוג לפי מסקנות עיוניי ביחס לאפארט III, שאם לא כן הייתי חייב להעתיק את כל אספי כתבי היד העבריים שנתפרסמו עד כה — ועוד הייתי מוסיף עליהם. גם כאן התנחמתי, שאותם אוספים לא רק בידי הם, וכל הרוצה יטול ויבדוק ויגיע למסקנותיו שלו. להלן (פרק ה') פירטתי משהו ממסקנותיי בפרשה זו, שהגעתי אליהן אחרי שבמשך חמש עשרה השנים האחרונות נבדקו אלפים רבים של כתבי יד וקטעים מקראיים עבריים[30]. אפארט III מושפע אם כן ממסקנותיי, אשר פירוטן המלא לא במהרה יתפרסם.

17. לפי שעה אומר, כי ניתוח שינויי הגרסאות בכתבי היד המקראיים מראשית ימי בעלי המסורה ואילך[31] מגלה כמעט אך ורק שינויים שיסודם בפעולות 'חוקי הסופרים', היינו שהם עשויים להוולד תמיד מחדש מכוח גורמים לשוניים או היקשיים[32]. בלעדיות זו של סוגי השינויים אפינית לחילופי הגרסאות שבכתבי יד מימי המסרנים, ובכך ההבדל המהותי לעומת המקורות שבאפארטים הראשון והשני, אשר בהם נמצא גם חילופים מטיפוסים אחרים (והללו כמובן דווקא המעניינים ביותר). מגבלה זו בטיפוסי השינויים היא הקובעת לאותם כתבי היד המקראיים שמן המאה השמינית בערך ואילך מקום מיוחד, ואין צריך לומר כי מבחינת ההשתלשלות ההיסטורית שגררה אחריה פעולת בעלי המסורה[33] אין הדבר מתמיה. די בכך כדי לחייב הקדשת אפארט מיוחד לגרסאות שבכתבי יד אלו, גם בלי השיקול המעשי שמצד הכמות מרובים כתבי היד מתקופה זו על כל ששרד מימי קדם. אותה מסקנה לגבי אופים של החילופים אף כופה עלינו זהירות מצד השיוך המשפחתי, ומונעת מאתנו

26. בניגוד לטיפוסים האחרים — הם ה'רצנסיות' של קרוס — וכל אלה קודמים כמובן לתקופת ה'נוסח המסורתי' במובנו המצומצם יותר. ור' להלן הע' 31.

27. הש' *TL* XIII וכן *TPTC* 135.

28. אפשר שמשום בעית השגת ה'אוביקטיביות' (ר' לעיל הע' 19) מדגיש אני את השקילה הסוביקטיבית יותר מן הראוי. כל פרט שנתקלנו בו עבר בירורים חוזרים עם חברי צוות שונים, והכרעת הניפוי הסופית אינה שרירותית כל עיקר.

29. ר' להלן פרק ד' § 59.

30. סיכום ראשון ניתן ב־ Biblica 35 (1954) = *TL* 51 f. והש' *BMU*.

31. משום בעית טיפוסי כתבי היד (*BMU* פרק ב') וטיפוסי המסורה (*RTBT* פרק ז') נמנע אני כאן מנקיטת לשון 'כתבי יד מסורתיים'. ור' להלן § 74.

32. הש' תרביץ כ"ד (תשט"ו) 273; *TL* 45 f.

33. הש' *RTBT* 25 f.

11. המאה שלנו נתנסתה בכמה טלטולי השקפה לכאן ולכאן[17]. ואם תגליות קמראן בראשיתן נראו לרבים כמחזקות חיזוק מרובה את ההנחות לטובת קיומו הקדום או אף הבלעדי של הטיפוס המסורתי[18], הרי בשנים האחרונות נוטה המטולטלת לחזור ולנוע בכוון הפוך. מי יודע אם אי־פעם נזכה לחומר מספיק, כדי שתמונת היחס בין הטיפוס המסורתי של ספר ישעיהו לבין נוסח השבעים תהיה מבוררת מעל לכל ספק. מאמין אני — אבל זו אמונה בלבד — שהבדלים אלו לא יתגלו כמיצגים גרסאות במידה מרובה יותר ממה שניסינו לחשוף באפארט I. אולם אודה, כי הרחבתי פתח לשיקולים מעבר למה שהייתי נוהג בימי תחילת המפעל משום לקח העבר ומשום אימת תגליות העתיד. לא אוכל אלא לקוות, כי הדרך שבה הלכנו כאן — שקילת האפשרויות של גרסה כנגד שקילת האפשרויות הלשוניות־פרשניות — יהא בה כדי להעמיד את המעיין לפחות על רוב הבעיות העומדות בפנינו[19].

12. בכך מוסבר השוני העקרוני שבין מבנה אפארט I, אפארט התרגומים והשחזורים[20], לבין יתר האפא־רטים. גם ביתר האפארטים היה מקום רב להצביע על הדינמיקה של התפתחות הטכסט, ולא פעם הסיבות דומות לאלו שאליהן מרומז באפארט I. ההבדל העקרוני הוא בין עובדה לבין השערה; ושינויי הגרסה שבעברית מתועדים הם ועינינו הרואות. לא בהסבר ההתהוות עוסקים האפארטים אלא ברישום העובדות, וההסבר האפשרי שבאפארט I הוא חלק של תהליך גילוי העובדות, כדי לאפשר למעיין להחליט אם אמנם יש להניח גרסה כגורם לשינוי המצוי בתרגום. השתדלתי להביא כל שנראה לי סביר וראוי להרהור[21], אבל לא הייתי אסטניס ולא חששתי לרמוז לפתרון הנראה לי[22].

13. אולם יש פן אחר ל'אני מאמין' — וגם הוא מסקנה מבדיקת המימצא בכללותו, הקשורה לעצם חלוקת החומר לאפארטים. אילו היו ידיעותינו כיום מבוססות יותר, אפשר שכל אחד משני האפארטים הראשונים היה צריך להתחלק עוד פעם לשניים: מכאן העדים עד תקופת החרבן ומכאן העדים מתקופת החרבן ואילך. לא כאן המקום לפרט, כיצד משתלט הטיפוס המסרתי בתקופת חרבן הבית עד כדי כך, שתולדות נוסח המקרא שמאותו זמן ואילך אינן דומות לתולדות התקופה שקדמה[23]. יש ויש מקום להבדלי השקפות ביחס למהות השינויים ומשמעם במאות שקדמו לחרבן הבית, ועדיין אין בידינו להכריע בין תאורית ה'זרם המרכזי' לתאורית ה'רצנסיות המקומיות' — אם אמנם יש באמת ניגוד בין שתי התאוריות[24]. בין כך ובין כך, תקופת חרבן הבית — הכוונה לתקופת השליש האחרון של המאה הראשונה לספירתם והשליש הראשון של המאה השניה — בולטת כקו תיחום בתולדות נוסח המקרא, עד כמה שניתן להעלותו מן האפארטים[25].

17. הש' .*TPTC* 136 f., *TL* 65 f

18. הש' לענין זה גם במאמריי על חקר המקרא והמגילות, תרביץ כ"ד (תשט"ו) 268 וכו'; תלפיות ז' (תשכ"א) 454 וכו' וכן *TL* 66. כבולטים בלוחמים לטובת פירוש זה של מימצאי המגילות הייתי רואה את אורלינסקי ואת קוטשר, איש לפי דרכו.

19. המעיין במבואות ל־*TL* ול־*TPTC* יעמוד על כך, שאני מוטרד מאד בבעית ה'סוביקטיביות', וגם המבוא הנוכחי יעיד שבעיה זו אינה מניחה לי. דרך הרישום באפארט I היא התוצאה של הלבטים הנידונים ב־*TPTC*, אלא שהעבודה המעשית כפתה שינויים מסויימים בביצוע, שיפורטו בפרק ג' להלן.

20. המובאות המועטות מן הברית החדשה הוכנסו אף הן לאפארט זה.

21. זכותו של עורך, שלא להעלות מחדש כל הצעה אבסורדית שהוצעה במשך מאות שנות מחקר, עם שידוע כי בפעם אחת מני אלף האבסורד הוא הנכון.

22. ביחס לפרטים ר' פרק ג, § 42.

23. זו מן הסוגיות שבהן לא גיבשתי בכתב מה שאמרתי בעל פה. מקצת הדברים רמוזים ב"קמראן, מצדה ונוסח המקרא", הארץ, 8/15 ינואר 1965.

24. ר' לעיל הע' 15, ודברי קרוס הרמוזים שם. נכון כי מטבע 'טכססטים עממיים' נשחק ויש להיזהר בשימוש המונח. בכל זאת לא נראה לי, כי ההכרה ב'טיפוסי טכסט' מבטלת את ההנחה של 'טכסטים עממיים'. תאוריה של התגבשות נוסח המקרא צריכה להתחשב בכך, שלצרכי דרשות תנאים ראוי להניח טכסט כמעט קבוע במסגרת 'טיפוס טכסט' רחב יותר, וזאת אולי גם בדורות שלפני הלל. אם אזכה להאריך במה שרמוז בהע' 15 אקווה לפתח גם נקודה זו.

25. בעית הקשר האפשרי בין טיפוס טכסט לזרם ביהדות באותה תקופה נדונה במאמר הנזכר בהע' 23, ושם הוגדר ענין 'תקופת חרבן הבית' לצורך דיון זה. אני רואה שקביעת זמן זו זהה למעשה לזו של Cross, *HTR* 1964, 287—290. עדיין יש מקום לשינויי קביעה קלים, ומה גם שלדעתי הוזנח בשנים האחרונות אספקט אחד מחמת רבוי החומר החדש. אקווה שלא יטענו נגדי שנפלתי קרבן ל'תחביב' שלי אם אומר, כי לתוך תאורית טכסט כללית יותר יש לשבץ גם את הבעיה של נוסח הפשיטתא — ואולי אף של תרגומים ארמיים אחרים. המאה הראשונה לספירתם היא תקופה מכרעת לגבי השתלטות הטיפוס המסורתי, אבל עדיין ראוי לנהוג מעט גמישות ביחס לקביעת הפרטים.

שמרכזה הנוסח העברי, ממילא לא הרי גרסה המסורה בעברית כהרי גרסה שאינה אלא שחזור — ויהא הסביר ביותר. תולדות חקר התרגומים מעידות, כי לעולם אין בטחון גמור ביחס לגרסה שהיא שחזור בלבד — בין לחיוב בין לשלילה — ועלינו להתחשב בלקח זה.

8. מאידך גיסא, עדיין לא חל שינוי עקרוני שיעביר את התרגומים, ותרגום השבעים לכל לראש, מן המקום הראשון שתפסו בחקר הנוסח במשך מאות בשנים. הגרסאות המוצעות המשוחזרות מן התרגומים — וגם מידת פיזורן והענין בהן — מרובות מן הגרסאות ששרדו במקורות עבריים קדומים. מצב זה אינו מחוייב המציאות. אלו שרדו לנו במדבר יהודה מגילות שלמות ומרובות מכל ספרי המקרא בעברית מן המאה הרביעית לפנה״ס — כדרך ששרד משהו מדברי הנביאים — אפשר שענייננו בשחזורי גרסאות מן התרגומים היה קטן יותר, ומכל מקום היינו תלויים בהם פחות. כיום הזה נקבע בדלית ברירה מקום בראש לאפארט התרגומים, הוא אפארט I, הנדפס אפוא כאפארט ראשון מתחת לטכסט העברי.

9. כדי שלא להכביד על מבוא זה הארכתי את הדיבור על הבעיות המתודיות של אפארט השחזורים במקום אחר[13], ופירוט הביצוע ניתן להלן בפרק ג. מן הראוי לפרש כאן 'אני מאמין'. קשה להביא הוכחות חותכות לדעתנו, באשר אין לנו די חומר לאוביקטיביזיציה של התרשמותנו. מצד אחד מלמד העיון הלשוני וההתחקות אחרי דרכי המתרגמים[14] — ובעלי השבעים לכל לראש — כי היו בדורות האחרונים שהגזימו הרבה בהנחת גרסאות, ועם העיון המעמיק יותר נמצא להן פירוש אחר. מצד אחר לימדונו השנים האחרונות כי יש שינוי שניתן היה לתלותו לכאורה במתרגם, ואחר כך נמצא בפירוש במסורת של כתב יד עברי. עובדה שאין לערער עליה היא, כי כיום יש בידנו שרידי כתבי יד מקראיים עבריים מאמצע תקופת הבית השני, שאי אפשר לראותם משתייכים לטיפוס ה'קדם־מסורתי', כגון שבחשבון כולל נראים קשריו של כתב־יד חזקים עם מסורת השבעים דווקא. דומה עליי שמוקדם עדיין לתחום תחומים ולקבוע מסמרות ביחס למספר המסורות ומקומן[15], וייתכן כי ברבות הימים עשוי אף מפעלנו זה לתרום מעט להבהרת התמונה. אולם עצם מציאותן של מסורות עבריות השונות ממה שעתיד להיות נוסח המסורה שוב אינה השערה בלבד.

10. עובדה זו צריכה להשפיע עלינו אפוא גם בהערכת התרגומים הקדמונים, אלא שאין בידינו די חומר כדי הכרע גמור, וצריך אדם להסתייע באבנתא דליבא. לבי אומר לי, שגם כאן נודע תוקף להכרה הישנה שכל ספר מספרי המקרא צריך עיון לגופו, ואין ללמוד סתם גזירה שווה מתולדות מסורות החומש על ספר שמואל ולא משמואל על ירמיהו ולא מירמיהו על ישעיהו[16].

13. בעקר במבוא ל־*TPTC*. 14. הש' *TL* XIV.

15. ייתכן שנקודה זו תעמוד במרכז הדיונים בשנים הבאות, ואקווה להאריך בה בהזדמנות קרובה. ר' הע' 12 לעיל. סיכום ביניים של 'תאורית המסורות המקומיות' פירסם Cross, "The History of the Biblical Text in the Light of the Discoveries in the Judean Desert", *HTR* 54 (1964) 281 f.
סימן מעודד הוא, כי בהרבה שאלות אנו תמימי דעים, ואין מן הנמנע כי שיחות מרובות שהתנהלו בינינו — ועם חבריי במערכת המפעל — סייעו בהבהרה ההדדית של העמדות.
בעיקר קשה לי לקבל אותו פירוש של המימצא הקדם־מסורתי המבקש לקשר טיפוסי נוסח שונים עם מקומות התגבשות — ארץ ישראל, מצרים ובבל — אפילו אם תושג פשרה וקרוס יוותר סופית על המונח 'רצנסיה'. חושש אני מן האסוציאציה הבלתי נמנעת עם תאוריות אחרות על רצנסיות מקומיות — וכבר שבענו מגלגוליהן בחקר השבעים ובחקר הברית החדשה. תאוריה 'מקומית' כזאת נוחה להיקלט וקשה להיפטר ממנה, וכדי להצילה אין מנוס מרי־אינטרפרטציה מתמידה של המונחים. אם איני טועה, כבר יש לפנינו התחלה של תהליך כזה. מי שבודק את ניסוחיו של Albright *BASOR* 140 (1953) — שגם הם היו בחינת רי־אינטרפרטציה פרוגרמטית של 'תורת רצנסיות מקומיות' כפי שגיבשה האסכולה הוולהאוזניאנית מרמזי מסורות חז״ל — כנגד ניסוחיו של קרוס עתה, עשוי להטיל ספק בקיום בסיס להבחנה נקייה. במיוחד המונח 'בבלי' בהקשר זה טעון ליבון מרובה, באשר הוא נוח לתפוס זאת המקום של כל גודל נעלם מאז ימי שיבת ציון ועד לעליתו של הלל.
איני מתעלם מן הארגומנט לטובת הנחת 'מסורות סגורות', אבל איני בטוח כי מה שנראה לנו לפי מימצאי העשור האחרון כטיפוסי מסורות מובדלים, היה באמת מובדל הבדלה גמורה, עד שצריך להניח מרחקי ארצות. אני עצמי אוסיף להעדיף כרגע descriptive labels ואף אמנע מנקיטת לשון 'רצנסיות' — ומה גם שרוב החוקרים עדיין מפילים לשון זה על מה שכונה עד כה בשם זה, היינו היערכות נוסח המסורה לעומת נוסח השבעים והנוסח השומרוני; ולא יקשה לראות כי דווקא משום שהיערכות זו נוחה לרי־אינטרפרטציה יש כאן סכנה של עירובי תחומים.

16. המבין יבין כי לא בכדי נמנים ספרים אלו דווקא.

דרכנו אל עבר הטכסט הזה. במקרים לא־מעטים יאפשרו מקורותינו את הקביעה, שכל התיעוד מצביע על מלה או צורה אחת ומסויימת דווקא — וכמובן גם אז לא ננעלו שערי הניחושים, מה אירע ל'נוסח הקדמון' עד שנתגלגל לצורה אחת זו. התשובה על שאלה אחרונה זו היא, כאמור, מחוץ לתחומנו, עם כל העניין הרב שיש בה לפרשן. במקרים רבים אחרים אין התיעוד שבידנו מאפשר לנו לסלול דרכנו אחורה אפילו עד למציאת צורה מסויימת אחת, ואנו נשארים תלויים בין שני גלגולים 'היפארכטיפיים', שהם לכאורה שווי־זכויות[4].

4. מערכת האפארטים של מהדורה זו משקפת בהכרח את המסקנות של עיונים קודמים בבעיות נוסח המקרא, היינו שמטרת השחזור של 'נוסח קדמון' אינה המטרה העליונה. העבודה המעשית באפארטים וגיבוש תאוריה הם בבחינת צבת בצבת עשויה, ומי שיוצא למרחבי ים הנוסחאות זקוק למצפן, ובלבד שמצפן זה נתחשל לו בסדנתו ונתילד לו מתוך מלאכתו[5]. אחת הבעיות החמורות ביותר שעמדו בפניי בעריכת החומר היתה כיצד להגיש את הנוסחאות למיניהן ולקבוצותיהן בסדר מסוים — וסדר זה מושפע בהכרח על ידי גישתי, דעותיי ומסקנותיי על תולדות נוסח המקרא — ועם זאת להביא את החומר בכללותו[6] לפני המעיין כך, שכל הרוצה יוכל להחזירו לאמורפיותו הראשונית. או אמור: מי שלא יקבל אף אחת מן ההנחות שעליהן מבוסס סידור החומר יוכל לגשת אל מערכת האפארטים כאל אוסף חומר גלמי. אבל כבר הדגשתי בהזדמנות אחרת[7], שאיני גורס כי תפקידו של עורך מהדורה ביקורתית הוא אך ורק להדפיס קולציות. מתוך עבודה בלתי אמצעית במקורות נתגבש לי מה שנתגבש, ולא העלמתיו מתוך אותה אסטניסות יתרה החוששת להשפיע על הקורא. אדרבה: עצם מעשה האפארטים האלה יהיה בו — כך אני מקווה — כדי לאשש את מסקנותינו בחקר הטכסט המקראי.

5. על דרך התמצית הקצרה ביותר, כך נראים לנו הדברים[8] — ומכך מתחייבת ההפרדה המינימלית לאפארטים: התקופה הראשונה מסתיימת בטרם כל תיעוד כתבידי[9], ואליה אין לחדור אלא באמצעות השערות. אין חולקים כי מבחינת השתלשלות הנוסח משעת ה־ipsissima verba[10] זו התקופה המכרעת ביותר, אבל חוקר הטכסט יוכל לשער עליה רק השערות זהירות לאור השלכי המסורת בתקופה השניה (וכגון אלו יימצאו לעתים בהצעות של אפארט I)[11]. לא באנו למעט ערכה של אינטואיציה פרשנית, אך נחזור ונדגיש שנמנענו לחלוטין מהבאת כל השערה שאין לעגנה כלשהו באיזה מקור. שאם לא כן, אין לדבר סוף.

6. האפארטים מתחילים אפוא בחומר שמראשית התקופה השניה — תקופת התיעוד הכתבידי. לפי מצב ידיעותינו בשעה זו תחילתה מסביב לשנת 300 לפנה״ס, וגבול זה עומד להשתנות בשביל הספרים השונים בהתאם למימצאים השונים ממדבר יהודה[12] — ואין צריך לומר שהכל מיחלים להקדמה נוספת.

7. המקורות מתחלקים לשתי קבוצות עיקריות — והבדל זה נחשב לנו למכריע כל כך, שעל פיו חילקנו את המימצא בין האפארטים I ו־II. מכאן החומר שנמסר לנו בהרקה מכלי אל כלי, בתרגום, ומכאן החומר שנמסר בלשון נתינתו, בלשון הקודש. ספק אם צריך להצדיק חלוקה זו: כיון שאנו עוסקים במערכת אפארטים

4. מימצאי הטיפוסים ההיפארכטיפיים הם שיכריעו בסופו של דבר לגבי קביעת מספר הזרמים הטכסטואליים שאליהם יש ליחס את החומר שבידנו. ור' להלן הע' 15, 24.

5. כל בעל תאוריה רשאי להשלות עצמו שיש ממש בדבריו. אם יהא בהרהוריי על תולדות נוסח המקרא מה שיתקבל על דעת אחרים, שמא יהא זה משום שטרחתי לעבוד 'עבודה שחורה' בכל תחום ותחום.

6. הש' לבעיה זו *TPTC* 135.

7. *TL* xiii f., 199 f.

8. גם הפעם (הש' *TL* ix) ארמוז לעמדות ולמסקנות שעדיין לא נתגבשו כדי הרצאה מדעית מקיפה, ואקווה להעלותן לפרטיהן בהזדמנויות אחרות.

9. לצרכינו כאן אפשר להתעלם מבעית ההבאות הפנים־מקראיות ושאלת המסורות כפי שנתגבשו בספרים שונים (כגון בעית נוסח דברי הימים). כל כגון אלו חשובים כמובן לבירור נקודות המגע בין ביקורת הטכסט לביקורת המקורות על ענפיה. ר' הע' 11.

10. הש' גם *TL* 159.

11. בדיוננו אף אין אנו נזקקים כרגע לאספקטים התאורטיים של שאלת ה־oral tradition לחקר הטכסט. (הש' *RTBT* פרק ד').

12. מחלוקת האסכולות השונות על מציאות 'רצנסיות', כפי שנתגבשה עד לעשור האחרון, נראית לי כיום תלויה במידה לא־קטנה ב'טלסקופיה' של תקופת חמש מאות שנה, החל במאה השלישית לפנה״ס, שעליהן כמעט לא ידענו דבר. יש להניח כי בויכוח שיתפתח בשנים הבאות יצטרכו הצדדים להיערך בפו־זיציות חדשות ולהפקיר כמה עמדות מלחמה מקודשות. ר' להלן הע' 15.

מבוא

א. תולדות נוסח המקרא בראי מערכת האפארטים*

1. מערכת האפארטים שבמהדורה זו יש בה כדי לשקף במשהו את המקורות השונים לסוגיהם ולזמניהם, שמכולם יחד למדים אנו על תולדות נוסח המקרא. החלוקה המוצעת בזה היא מעין פשרה בין פיצול מדוקדק הקובע לכל מקור או קבוצת מקורות אפארט מיוחד לבין עירוב של תיעוד שנצטבר מתקופה של קרוב לאלפיים שנה במסגרת אפארט אחד. הפרדת החומר לארבעה אפארטים נראתה כמינימום הכרחי, ועם זאת יש בה עדיין כדי לאפשר למעיין להקיף במבט אחד את התיעוד כולו.

2. כמוסבר בפתח דבר, מטרת האפארטים היא להעיר את תשומת לבו של המעיין לכל התיעוד המצוי בידינו, כדי לאפשר לו להסיק את מסקנותיו. אלא שאופיו המיוחד במינו של הטכסט המקראי בגלגוליו אינו מאפשר בניית אפארט פשוט יחסית, כמקובל במהדורת טכסט קלאסית ברגיל. בלי גוזמה מותר לומר, שאין טכסט אחר שסוגי המקורות לתיעודו מגוונים כל כך[1], ואשר הטיפול בכל אחד מהם צריך גיבוש דרך משלו. האמצעים המקובלים של איסוף העדים, מיונם, שיוכם למשפחותם לתולדותם עד לגילוי האבטופס הקדמון — אשר פותחו בעיקר ביחס לכתבי יד שהועתקו ונתגלגלו בלשון אחת — אינם מקדמים אותנו כאן אלא כברת ארץ[2]. מבחינת המדע של חקר הנוסח יש במהדורה זו משום נסיון ראשון להתגבר על הבעיות המיוחדות העומדות בפני מי שמבקש לרכז במסגרת מהדורה אחת עדים בעלי אופי שונה כל כך, כפי שניתקל בהם בחקר נוסח המקרא. אחרי התמודדות יומיום במשך שנים לא־מעטות בצד המיתודי של בעיתנו, רחוק אני מאד מלהניח כי בשים לב ליותר מאלפיים שנה של התפתחות מדע הטכסטים יהיה בנסיוננו זה יותר מאשר צעד בלתי ניכר בתולדות המקצוע הזה.

3. בהזדמנויות אחרות[3] ניסיתי להעמיד על ההבדל שבין מציאות טכסט ראשון קדמון לבין יכולתנו לגשש

* גם פרקי המבוא האלה אין לתארם בלי עבודת הצוות שעליה הם מבוססים, ובלי בירורים וויכוחים עם חבריי למערכת במשך שנים רבות, שתוצאותיהם שזורות במפעל כולו. עם זאת רובצת האחריות לנאמר רק על עורכו של כרך זה.
חבריי הרשוני לגבש דבריי כהבנתי, וכמובן אינם מחויבים לא בדיעותי ולא בסגנוני. מבואות אלו צמחו תחת ידי למעין ראשי פרקים לתקציר תולדות נוסח המקרא, ולפחות לגבי דידי מקושרים הם בחיבוריי הקודמים בשטח זה, שהם בחלקם אקדמות למהדורה ולא אוכל לחזור עליהן כאן.
אין לי אפוא מנוס מלהסתמך על מה שניסיתי להראותו במקום אחר. הרמיזות מפנות לעיתונות המקצועית כמקובל ול״הארץ״, שבו נדונו מספר נושאים בטרם גיבושם הסופי. חיבוריי משנת 1960 ואילך הנוגעים למהדורה זו מסומנים כדלקמן:
TL — *Text and Language in Bible and Qumran* (1960)
BMU — "Biblical Manuscripts in the United States", *Textus* 2 (1962)
RTBT — "The Rise of the Tiberian Bible Text", *Biblical and Other Studies* I (1963)
TPTC — "Theory and Practice of Textual Criticism", *Textus* 3 (1963)

1. מן הגיוון נעדרים רוב הגלגולים המשניים של התרגומים, כגון הארמני או החבשי.
2. השׁ׳ 132 *TPTC*.
3. השׁ׳ *TPTC* 135 f.; *TL* xi f., 156 f.

פתח דבר

ופתח ביתו לעורכים כל אימת שנזקקו לכך. ובראש המעשים: נשיאי האוניברסיטה העברית — תחילה הפרופ׳ בנימין מזר, שאלולא הוא לא קם המפעל, והוא מלוהו בחיבה ובעצה עד היום; ואחריו מר אליהו אילת אשר קירב את מפעלנו אל לבבו ודאג דאגותיו. ובצידם ראשי המכון למדעי היהדות אשר בעידודם צמח המפעל: הפרופ׳ גרשום שלום שכינס ועדות ראשונות. אחריו הפרופ׳ אפרים א׳ אורבך שאלולא עזרתו המעשית לא היה הרעיון מיתרגם לשפת המעשה. וכן יורשיהם בכהונה: הפרופ׳ חיים שירמן, הפרופ׳ זאב בן־חיים והפרופ׳ ישראל היילפרין, והוא שזירזנו להכין את הכרך המוגש בזה. ומן העומדים לימיננו חברי המועצה שזכינו בעצתם ובדעתם, איש איש בתחומו; ועמהם חוקרים ידידים בארץ ומחוצה לה.

תודתנו נתונה להנהלת קרן היכל הספר שסייעתנו ביד נדיבה בהשגת תצלומים הדרושים לעבודתנו, ולראשי הספריות והספרנים בירושלים וברחבי העולם שפתחו אוצרותיהם לפנינו והרשו לנו לחקור ולפרסם מגנזיהם.

הכרת טובה עמוקה לאותם מוסדות ואישים אשר כלכלו את צרכי המפעל במשך שנות קיומו ביד נדיבה: הקרנות על שם רוטשילד ועל שם ליטאור, מר צ׳רלז רוזנבלום איש פיטסבורג ומשרד החינוך והתרבות של מדינת ישראל.

ואשר לעושים: העבודה במדורים השונים התנהלה בהדרכת עורכי המפעל: פרופ׳ מ׳ גושן־גוטשטיין — המדורים לחקר כתבי היד העבריים והגניזה, השבעים, הפשיטתא ותרגום יונתן; ד״ר ש׳ טלמון — מגילות ישעיהו וספרות חז״ל; פרופ׳ ח׳ רבין — תרגום רס״ג, הוולגטה והברית החדשה. ברירת החומר לספר ישעיהו ועריכתו וכן כתיבתו של כרך זה הופקדו בידי מ׳ גושן־גוטשטיין, והוא נושא באחריות המדעית לנאמר בו.

עבודה מרובה בוצעה בשעת העריכה הסופית בידי מר חנן שירון, שריכז את החומר מכל מדורי התרגומים לשם הכנת אפארט התרגומים. מר ישראל ייבין דאג להגהת הטכסט והמסורה ועיבד את החומר לאפארט הכתיב הניקוד והטעמים. מר אבי הורביץ סייע בגיבוש אפארט כתבי היד העבריים וחומר המובאות מן המגילות. מר ישעיהו מאורי בירר בירור סופי את החומר מספרות חז״ל לקראת עריכתו.

עבודת השנים האחרונות בעריכת החומר לאפארטים תלויה כמובן תלות גמורה בהכנה המעולה שהכינו עובדי המדורים השונים — וכאן נוכל לזכור רק אלו מבין חברי הצוות שצעדו עמנו לפחות במשך כמה שנים. ואלה המדורים ועובדיהם: טכסט ומסורה (ד״ר ד״ש לוינגר, י׳ ייבין, י׳ מאורי); כתבי יד עבריים וקטעי גניזה (י׳ ייבין, א׳ הורביץ); ספרות חז״ל (א׳ אלינר — מרכז המדור — ש׳ קרויזר, מ׳ הלוי, י׳ מאורי וצ׳ זינגר); תרגום השבעים (ד״ר ד׳ וייסרט וגב׳ ש׳ אורי); פשיטתא ותרגום ארמי (ח׳ שירון וג׳ גולדנברג); וולגטה (ב׳ קדר־קופשטיין); תרגום רס״ג (י׳ שונרי); ביבליוגרפיה (מ׳ אילת, צ׳ זינגר וגב׳ ל׳ רוט).

חילופי הגרסאות במובאים מן המקרא שבתלמוד הבבלי הועתקו עבורנו על פי בקשתנו על ידי ״מכון התלמוד הישראלי השלם״ של ״יד הרב הרצוג״ בירושלים, מתוך שינויי הנוסחאות שנערכו ע״י המכון הנ״ל על פי השוואת כתבי יד, כולל קטעי הגניזה, ודפוסים ראשונים של התלמוד. תודתנו נתונה לחברי המכון ולמנהל הרב יהושע הוטנר.

ולבסוף תודה לאלה שסייעו בהבאת הכרך הזה לדפוס: להוצאת מאגנס שנטלה את המשימה על עצמה ולמנהלה מר ח׳ תורן שהנחנו בעצתו הבדוקה; לד״ר מ׳ שפיצר שטעמו וידעו במלאכת הספר הם שסייעונו בגיבוש דמות העמוד; לדפוס מרכז, ירושלים, שקיבל על עצמו ביצוע למופת של עבודת הסידור; ואחרון אחרון לסַדָּר מר יצחק בקאל, שסידר את הטכסט והאפארטים והוציא את מחשבתנו מן הכח אל הפועל.

תמוז תשכ״ה

המערכת

פתח דבר

עשר שנים חלפו מאז העלה מ׳ גושן־גוטשטיין לפני חברי המכון למדעי היהדות של האוניברסיטה העברית תכנית להוציא לאור מהדורה של המקרא, אשר תקבץ ותשטח לפני המעיין את כל העובדות הידועות לנו על נוסח המקרא והתפתחותו. גלגולים שונים עברו על התכנית משעה שעלתה על הלב, ועם זאת לא נשתנתה המטרה העיקרית: ההדרת כתב היד המסורתי שהוא בחזקת ה׳מוסמך׳ ביותר שמשיגה ידנו יחד עם המסורה שלו, ובצירוף מערכת אפארטים המציעים בעקיבות את כל החומר הטכסטואלי לפי מדוריו, כדי שכל מעיין יוכל לראות לפניו את העובדות במכלולן ולגבש הערכה משלו. משום התפיסה הפילולוגית שביסוד המהדורה לא נכללו באפארטים הצעות לתיקוני טכסט.

מן המותר להעיר כי תפסנו את מפעלנו כבעל אופי מדעי בלעדי, ושיתוף צוות חוקרים שהם בעלי השקפות שונות מסמל את שאיפתנו שלא להביא אלא עובדות בלבד. אם מתקבל הרושם שבמהדורה זו מסתמנת שקילה זהירה ואולי אף שמרנית של גרסאות אפשריות, הרי שכך נתגבשה מתוך העמקה בחומר לפי מיטב הבנתנו. שכן הרבה גרסאות המוצעות בספרות המקצועית לא נראו לנו מקוימות על פי ניתוח עובדות.

כרך הדוגמה המוגש בזה מציין את סיום הצעד הראשון של עבודתנו. ספר ישעיהו, ראשון הספרים שבמהדורתנו, כבר עובד כולו והתוצאות נרשמו ומוינו — מדור מדור ואלפי פתקאותיו. מחקרי התצפית הכלליים שהם מסד למהדורה כולה נשלמו. נסלל שביל צר אל שקילת המובאות מן המקרא שבספרות חז״ל, ונבדקו האפשרויות לניצול מקורות אלו למטרותינו בלי שיהיו בידינו מהדורות ביקורתיות של כל אותה ספרות. ואולי זו היתה הקשה שבמשימות, שהרי כאן אי אפשר להתחיל בספר אחד מן המקרא עד שסוקרים את ספרות חז״ל לרחבה ולעומקה. נשלמה סקירה של כתבי היד העבריים בכלל ושל קטעי הגניזה בפרט — חוץ מן המצויים בברית המועצות — כדי לגבש שיטה להערכתם. נבדקה שאלת המסורת המיוחסת לבן־אשר, ובעית כתר ארם־צובה בפרט. נחקרה שאלת התפתחות הטכסט של הפשיטתא והוערכו כתבי היד הדרושים למהדורה. בעיות התרגומים שיצאו לאור במהדורות ביקורתיות ושהרבו לעסוק בהם — תרגום יונתן והשבעים — נסקרו מחדש לאור כלל המימצא כיום. לתרגומים שאינם מונחים לפנינו במהדורות מדעיות נאספו חילופי גרסאות מכתבי יד או אף הוכן חומר למהדורה. לובנו שאלות טכסטואליות ופרשניות מרובות, ומקצתן כבר נדון בשנתון ׳טכסטוס׳, שמערכת המפעל יצרה אותו למטרת בירורים כאלה. כרך זה משקף אפוא את הצעותינו בדבר עריכת החומר למדוריו במהדורתנו, ואנחנו מביאים אותו בפני הקרובים לענין לעיון ולדיון.

בגלל הקשיים הטכניים שבהדפסת עברית בטיפוסי־אותיות מרובים וכן כדי לאפשר את העיון גם למלומדים שאינם רגילים בקריאת העברית של ימינו, הדפסנו בכרך הדוגמה את רוב האפארטים באנגלית. תקוותנו שלקראת פירסום ספר ישעיהו בשלמותו תיפתרנה הבעיות הטכניות שבהדפסת המהדורה כולה בעברית.

בשעה זו של גמירה שהיא התחלה מלא לבנו רחשי תודה ולא נדע למי יאתה ראשית תהלה: למעשים או לעושים. אלו ואלו אלולא הם נשארה תכנית המפעל אות מתה. מכאן המעשים — לכל לראש כבוד לנשיא ישראל המנוח יצחק בן־צבי, שליווה מפעל זה באהדה מיוחדת עד ימיו האחרונים והוא ישב בראש מועצתו

יוצא לאור לקראת
הקונגרס העולמי הרביעי למדעי היהדות
תמוז תשכ"ה

בתמיכת
Edmond James de Rothschild Memorial Group
Lucius N. Littauer Foundation
Charles Rosenbloom of Pittsburgh, Pa.
משרד החינוך והתרבות של מדינת ישראל

המכירה הראשית:
"יבנה", רחוב מזא"ה 4, תל־אביב

נדפס בדפוס מרכז ירושלים

מפעל המקרא של האוניברסיטה העברית

ספר ישעיהו

פרקים לדוגמה עם מבוא

מאת

משה גושן־גוטשטיין

ירושלים תשכ"ה

הוצאת ספרים ע"ש י"ל מאגנס, האוניברסיטה העברית

ספר ישעיהו / פרקים לדוגמה